På Ängla Vingar

ISBN:

978-91-986273-0-5 (Paperback)

978-91-986273-1-2 (Hardcover)

978-91-986273-2-9 (e-book)

Engelsk titel: *On Angels' Wings*

Andra böcker på svenska av Mariana Stjerna:
Tidsresa till Ursprunget och Framtiden
Graalens Gåta – Jesus och Maria ur ett nytt perspektiv
Det Osynliga Folket – I naturens magiska värld
Agartha – Jordens inre värld
På Uppdrag i Rymden

Other books in English by Mariana Stjerna:
Time Journey to the Origin and the Future
The Bible Bluff
The Invisible People
Agartha – The Earth's Inner World
Mission Space

SoulLink Publisher
www.SoulLink.se
info@Soullink.se

Mariana Stjerna

På Ängla Vingar

SoulLink Publisher

Den Kosmiska Kartan

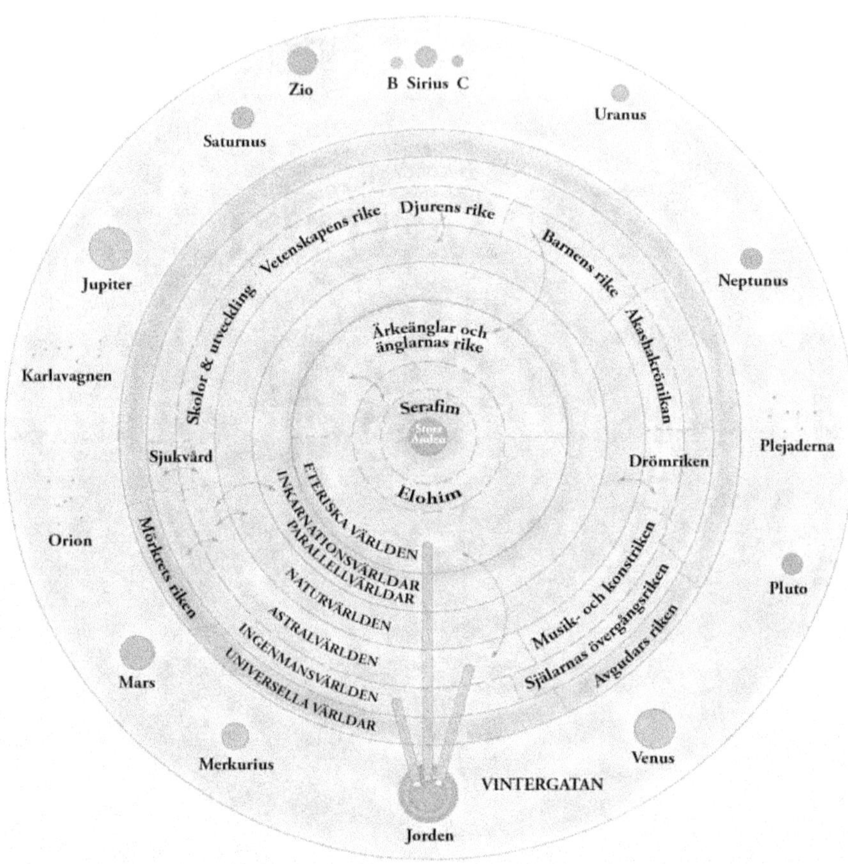

Innehåll

Inledning

När jag fick förfrågan om att skriva den här boken tvekade jag inte ett ögonblick. Min rymdburne följeslagare, Jan, ville berätta om sina egna upplevelser efter döden, från dödsögonblicket till nu. Han är ett andeväsen med ett eget författarförflutet i sin sista inkarnation här i Sverige. Han är en glad och humoristisk person, men han har också djupgående erfarenheter av den kosmiska utvecklingen. När han föreslog att boken skulle heta *På änglavingar* associerade jag det genast till ett barndomsminne.

Jag älskar att se på himlen. Ibland stormar molnen i mörka flockar, dunkelt indigoblå med violetta skiftningar. Ibland lyser en klarblå himmel, täckt av ulliga, luddiga vita tussar i enorma stråk. När jag var liten kallades de för "änglavingar". Jag försökte alltid få syn på en "riktig" ängel bland tussarna. Ibland fanns det luckor fyllda med ljus i de stora, mörka molnen och då trodde jag att där innanför fanns ett ljushav, där änglarna flög omkring och kikade ner genom molnfönstren på de dumma människorna. När de såg allt elände på jorden stängde de luckorna med änglavingarnas duntussar.

När jag frågade Jan om han ville berätta om Paradiset skrattade han hjärtligt och svarade:

"Paradiset som det uppfattas av människorna är inte alls vad ni tror. Var och en skapar sitt eget paradis - eller vad det nu är - med sina tankar. Jag tänker börja från början, och början betyder för min del slutet på jordelivet och begynnelsen av livet före livet."

"Är du i Paradiset?" frågade jag lite naivt.

"Ånej, inte jag inte!" svarade han. "Paradiset som ni ser det är ingenting för en spelevink som jag."

Han höll upp ett flammande rött höstlöv framför mina förvånade ögon.

"Det här är en liten del av en levande kod" fortsatte han. "En levande kod som kan ömsa gestalt, men som i sin tur är en del av evigheten. Lövet vissnar men lever ändå i full glans och skönhet, precis som vi människor. Den närhet till naturen som människan har förlorat i dag är nyckeln till hela hennes existens. Tappar hon den nyckeln så tappar hon också meningen med sitt liv. Hon fastnar i sitt ego som tar över hennes tankar och handlingar. Hon blir ett offer för vilsna och orena energier. Låt mig nu få berätta en historia som toppar alla andra historier du har hört!"

De flesta människor är inte bara rädda för döden, de ser den som ett straff eller som någonting skräckfyllt. Min förhoppning är att den här boken ska ta bort sådana känslor. Ingen kan bevisa att det som jag förmedlar genom Jan är sant - men går det att tala om bevis i detta sammanhang? Låt oss nöja oss med att jag är lycklig nog att få vara språkrör för en själ som givit mig information och inspiration att skriva *På änglavingar*. Vi ska nu lyssna till Jans historia, som jag från början till slut låter honom själv berätta.

Mariana Stjerna

1. Övergången

Det var ett långt och mödosamt kliv från den grå och fattiga statarstugan till den etablerade och ganska välbärgade författare jag blivit. Jag kände mig ganska nöjd med mitt liv på äldre dagar, särskilt när jag fick slänga käft med kollegor och annat löst folk. Jag har aldrig varit rädd för att säga sanningen även om sanningen ibland varit rädd för mig. Det fula i livet har dansat vals med det goda och fina, och det har passat mig bra. Jag har byggt mina böcker som man bygger en stengärdesgård: de största i botten och de mindre ovanpå, med lite luft emellan. Jag har bråkat och skällt tills det tagit fyr i det onda krutet. Att smeka medhårs har aldrig varit min stil och kommer väl aldrig att bli det, inte ens på andra sidan om ljusporten.

Om jag tar i ibland så ber jag läsaren att försöka förstå mig. Här lever jag inte på sill och potatis, här är kosten av annat slag, så mestadels försöker jag vara fin i kanten. Men det är inte småpotatis denna bok ska handla om, det är något oerhört och ganska ofattbart. Det är otroligt och magnifikt! Vi ska resa i världar där bara en lag gäller: Den Kosmiska Lagen, där harmonierna möter disharmonierna för att fulländas i ett moll-durackord av fantastisk skönhet.

Jag har beskrivit mitt senaste liv på jorden både i självbiografiska och didaktiska böcker. Men nu tänker jag berätta om mitt *riktiga* liv, det som jag föddes in i när jag utandades min sista suck på jorden.

Numera förstår jag att det usla livet i statarbostäderna inte var så prövande och mödosamt som det syntes mig då. Jag blev ett med naturen när jag dag efter dag, i sol och blöta, vallade kor och lagade stängsel och slet med den hårda jorden. Jag lärde mig förstå alla tecken som naturen gav mig i sådan riklig mängd. De olika årstidernas överflöd av nya intryck och hemligheter präntades in i statarpojkens öppna sinne, trots att han då inte till fullo förstod värdet av den skola han vistades i.

Min var himlen, molnig, klar eller blygrå och regntung. Min var marken med sina rikedomar, även när snön barmhärtigt dolde växternas tunga dvala, deras födslokamp och återkomst till den nya våren, till det nya klara ljuset. Mitt var kärret som vätte mina trötta och smutsiga fötter: vänligt på sommaren och lömskt de andra årstiderna. Träden talade till mig om sin skräck för att bli slaktade av penninghungriga parasiter i människohamn och om sin lycka över att kunna sträcka kronorna mot höjden. Buskar och sly berättade en annan historia om en stickande värld av gömslen för all slags kryp. Det var härligt att leva på den tiden, men det förstod jag det inte då.

Långt senare blev jag vän med statarpojken i mig och försvarade hans rätt att vara människa i ett samhälle där skrot och korn var långt ifrån identiska. Jag lärde mig att acceptera men också att kalfatra - att inte svälja med hull och hår. Blommorna finns där alltid om sommaren. De blinkar och koketterar med sina huvuden vid dikesrenen ty de vet sin plats. Landsvägen ska vara fri. Där ska trafiken rusa förbi utan att se dem. De finns, men de får inte störa grusets och asfaltens kalla, gråsläta bana. Så är det också i livet. Blommorna finns där vid sidan om vägen. Frågan är om man bör ta sig tid att stanna upp och plocka några av dem utan att förstöra helheten i landskapet? Jag tror det är nödvändigt att man gör det, annars förvandlas livet till en evig autostrada utan drömmar och utan skönhet.

Men nu ska vi tala om min födsel till ett helt annat liv. Jag slöt mina ögon i jordelivet och klev rakt in i nästa! Det är om det jag ska berätta, från första stund av mitt "sista" andetag.

Konstigt! Jag andades och kände mig pigg som ett vinterny! Ändå låg jag som ett annat beläte i sängen. Jag tittade på mig själv och blev inte glad över det jag såg. "Gubben har blivit gammal," tänkte jag, "och ful som stryk!" Jag var en stilig karl en gång... Nej, jag var inte, jag *är*!

Varifrån kom vissheten om att jag är det jag är - nu? Jag vände blicken från Jangubben i sängen och upptäckte en svag, silverglänsande tråd som löpte mellan honom och mig. "Precis som ett hundkoppel," tänkte jag och skrattade högt. Men han i andra sidan av kopplet skrattade inte. Han låg där som död. Och plötsligt förstod jag att det var just precis vad han var: död! Vem var då jag? Jag var ju han förut - men nu var jag också han!

Nå, man har väl läst om sådana saker ibland. Jans ande, det var jag det! Inte kände jag mig så värst förändrad, inte, men väldigt nyfiken! Jan var död - leve Jan!

"Hundkopplet" satt fast. Silversträngen brukar den kallas. Jag visste nog att jag skulle få dras med den i ett par, tre dagar. Sedan skulle den lossna av sig själv, precis som ett nyfött barns navelsträng. Egentligen hade jag läst mycket om vad som händer efter döden. Men nu när jag själv var där, mitt i det okända, kändes det lite osäkert. Vad vet en jordmänniska om livet efter detta, om livet mellan liven? Teorier finns det gott om, sådana har jag bestått mig själv med i riklig mängd. Men vart skulle jag nu ta vägen? Var låg gränsen mellan teori och vetande?

Det kom in folk i rummet där den döde Jan låg - den "döde" Jan som levde! Jag retirerade och upptäckte att jag kunde tänja silversträngen. Jag for ut genom väggen och tänkte lite sarkastiskt på min bok *Torntuppen*. Skulle jag dela gubbens lott att mest hänga utanpå kyrktornet eller skulle jag få göra en längre resa? Hur skulle det gå till?

Ett par händer grep tag i mina. Jag lyftes genom väggar och tak och jag skymtade en stor, ljusklädd varelse som drog mig med sig, milt men bestämt. "Hundkopplet" fanns kvar, men det brydde jag mig inte om för det räckte tydligen en bra bit. Vi for genom luften som i en science fictionroman. Kanske det fanns en del sanning i sådana, tänkte jag som brukat skriva så jordnära prosa. Några kyrktorn såg jag inte, inte heller kartlandskapet som man ser från en flygmaskin. Kanske molnen omsvepte oss, kanske var det någon annan dimma, men sikten var inte klar. Det mörknade nu och det kändes som om vi for genom en tunnel. Jag slöt ögonen. Den okändas händer omslöt fortfarande mina i ett fast grepp och märkvärdigt nog kändes det tryggt och behagligt.

Jag kunde inte låta bli att fundera på vad som nu hände med den andre Jan, han därnere på jorden. Skulle han begravas i kalla jorden eller förtäras av eldens flammor? Det kanske var skönast att inte veta. Jag beslöt mig för att helt överlåta mig åt detta väsen, som jag förstod måste vara en ängel. Såvida jag inte kommit fel förstås! Jag myste åt den svartkantade tanken och just i det ögonblicket landade vi. Jag öppnade ögonen, en aning rädd för att vara omgiven av ett brinnande Gehenna. Men i stället var där en vidsträckt slätt där gestalter skymtade förbi, tunna och genomskinliga som dimfigurer. Aha, tänkte jag lite dystert, först kommer man till något slags förstadium till skärselden. Sen går det förstås vidare utför. Men det är antagligen rätt åt mig!

"Ser jag ut som de där?" frågade jag och pekade på några spöklika gestalter som gled förbi.

"Inte alls," svarade min bevingade följeslagerska leende. "Du är mera lik mig!"

Jag tittade närmare på henne. Hon hade en lång, ljus klädnad.

Håret var också ljust och räckte henne till midjan. Hennes stora ögon var mörkblå som en sommarnattshimmel. Hon föreföll inte längre så jättestor som jag först trott. Eller hade hon krympt efter flygresan? Hon var inte genomskinlig men gav intryck av lätthet och smidighet. Jag tittade på mina händer. Det var fortfarande mina händer, fastän mjukare och slätare.

"Jag heter Jolith och jag är din skyddsängel," fortsatte hon. "Din fysiska kropp är död, men du lever, Jan! Så länge silversträngen finns kvar mellan dig och jordekroppen är dina ögon beslöjade. När den har brustit får vi se vart din fria vilja för dig. Jag är med dig ännu en tid, men den dagen kommer när du inte behöver mig längre."

"Vart tar du då vägen?" undrade jag nyfiket.

"Jag får nya uppgifter," svarade ängeln undvikande. Hon höll fortfarande kvar min hand. Det kändes som ett stadigt nävatag, som min far brukade säga. Han dömde folk efter handslaget och han hade ingenting till övers för ett fruntimmershandslag. "Di känns som döa sillar" var hans något hårda omdöme. Jag erfor en stark längtan efter honom. Varför mötte han mig inte här för att med sin mustiga humor och sitt bullrande skratt visa mig runt i himmelriket? Om nu detta var himmelriket, förstås. Lite väl enkelt i mitt tycke. Lite för dimmigt. Jag var ännu inte riktigt säker på om jag hamnat i skärselden, som prästerna har så god kläm på. Kanske stod prästen hemma i Uppsala och talade om skärselden vid min begravning just nu? Det skulle inte förvåna mig, så många fula ord som jag sagt om präster.

"Det här är bara början, Jan, och inte den början du tror," smålog änglaflickan. "Det kommer att kännas annorlunda när strängen lossnat. Du är delvis kvar på jorden ännu. Det här är inte vad du kallar himmelriket."

"Finns det något sådant då?" frågade jag lite spefullt.

"Många!" svarade Jolith och det glittrade till på djupet av hennes blå ögonhav. "Vänta bara, så får du se!"

Inför detta lockbete måste jag ge mig. I hela mitt jordeliv hade jag varit nyfiken på vad som händer efter döden och här stod jag nu alldeles död på en dimmig slätt och höll en vacker flicka i handen, medan skuggor utan ansikten gled förbi som ett ålstim, till synes utan mål i denna färglösa tillvaro.

"Ska jag leva här med skuggorna? Vilka är de?" kunde jag inte låta bli att fråga. Min änglaflicka var söt som konfekt, hennes gula hår och rosiga kinder kunde ha varit målade av Botticelli. Drömde jag? Var jag verkligen död? Var detta något som man därnere på jorden brukade kalla för skärselden?

"Nej, min vän," svarade hon på min outtalade fråga. "Skuggorna du ser har inte frigjort sig från det jordiska trots att silversträngen för länge sedan lossnat. Det är jordbundna själar som sörjer sin forna tillvaro, en del är vilsna, en del missnöjda och besvikna, en del fjättrade vid sina egna synder och olyckor. De vägrar att gå vidare."

"Men det vill jag, min sköna Beatrice!" skämtade jag och min ljusa ledsagarinna log ett öppet, varmt leende. Vi såg på varandra i ömsesidig förståelse men plötsligt lystrade Jolith. Hon grep tag i min arm och drog mig en bit bortåt. Dimman blev tätare och rullade sig runt oss som en tjock, gråvit spiral.

"Nu har du blivit fri från silversträngen," utropade ängeln. "Nu kan vi fortsätta!"

"Det gick minsann undan," konstaterade jag. "Aldrig har tre dygn försvunnit så fort!"

"Här finns ingen tid," invände Jolith. "Det har gått tre dygn på jorden, kan du förstå det? Jag fick en signal att nu kan vi gå vidare. Stackarna du ser här vill inte lyssna till sina skyddsänglar. De irrar hellre hemlösa omkring som dimfigurer tills de har förstått att de har sitt fria val att utvecklas i en ny värld. Ibland dras de av sin egen längtan tillbaka till jorden. De kan inte stanna där, men de vandrar gärna omkring i ett perpetuum mobile i omgivningarna till sina gamla liv."

"Är det vad vi kallar för spöken eller osaliga andar?" undrade jag.

"Ja, det är de synliga osynliga," blev svaret. "De kan faktiskt mentalt påverka människor i den omgivning de väljer att "spöka" i, vare sig de uppträder i drömmar eller visar sig på något annat sätt. Ibland ger längtan och kärleken till den gamla miljön dem positiva kraftpåverkan, men mestadels är den negativ på grund av sin egna begränsning och den rädsla den möter från sin gamla omgivning. Men nu måste du vidare om du inte vill stanna här bland skuggorna!"

Det ville jag förstås inte. Det kunde ha varit skojigt att spöka lite för några jag kände: min förläggare och några av mina vänner. Säkert stod de där vid graven med hattarna i handen och säkert tog de minst två supar på gravölet för att "hedra" mig. Men jag var förstås mer nyfiken på vad som väntade mig "lite högre upp" eller "längre bort", vilket det nu var.

I den molniga spiralen började Jolith växa. Hon tog mig i famnen, där jag vilade som på ejderdun - samtidigt kändes det som om jag låg i ett moderssköte i födslovåndor. Jag var oändligt liten och nyfiken på världen utanför. Sedan blev allt svart ett ögonblick - eller en evighet. Finns någon skillnad i det här tillståndet?

2. Min Glädjefyllda Dal

När jag vaknade log livet mot mig. För vad annat än livet kunde föra mig till en så idyllisk plats? Jag ville skratta högt och dansa runt med min vackra ängel, som var liten och nätt igen. Hon smålog och sa: "Gör det! Dansa med mig!"

Så tog vi en svängom på en soldränkt blomsteräng, där dofter och musik tycktes vara ett, där luften dallrade av toner och omslöt oss i en andlöst skön omfamning. Vi var lika lätta som luften, men ändå kände jag hur mina fötter vidrörde det dagglittrande gräset och hur min högra arm vilade fast om Joliths smärta midja, medan vänster näve höll hennes lilla hand i ett varmt och nästan fysiskt grepp. Det var länge sedan jag orkade dansa och jag njöt av de osynliga spelmännens klara tonsvall och behaget i den ystert vindburna dansen.

"Så där ja," kommenderade Jolith i bestämd ton. "Nu måste vi fortsätta. Vi har just dansat in i den dal där ditt förra liv började. Se dig omkring!"

Berusad av dans, musik och dofter hade jag alldeles glömt att titta efter var jag var. Jag såg höga berg omringa oss i sluten krets. De var klädda med mossor och blommande träd i praktfulla färger, men deras toppar var kala och sken på ett förunderligt vis. Det var som om bergen bar glorior! "Alla helgons berg", tänkte jag med ett leende. En älv porlade sig fram i nyckfulla vinklar tills den i vild förtjusning hoppade över ett stup och blev till ett magnifikt vattenfall. Överallt syntes en saftig, färgsprakande växtlighet. Ett jordiskt landskap i sublim form!

"Det var här du beslöt dig för att gå tillbaka till jorden och leva ditt sista liv," förklarade ängeln. "Här har du ofta vistats mellan liven därför att du är en del av den här dalen. Du är gräset och blommorna och träden. Du är de tysta vakande bergen och vattnet som rinner i blida strömmar tills det kastar sig ut i skapelsen av ditt nästa liv. Du har alltid älskat den här platsen och ändå känner du inte igen dig?"

"Jo," svarade jag förundrad. "Nu kommer minnet tillbaka! Här finns mitt ursprung i min glädjefyllda dal. Men hur har jag någonsin kunnat ge mig ifrån detta paradis, till helvetet på jorden?"

"Du var tvungen," suckade min skyddsängel. "Du valde det för att de erfarenheter jordelivet gav dig var ett villkor för den väg du nu ska vandra.”

”Ska vandra? Får jag inte längre bestämma själv? Här vill jag stanna. Vem bestämmer över mig?”

”Du har redan för länge sedan valt att återvända till ditt ursprung för att ta med dig erfarenheterna från många liv och många världar. Ditt eget inre Jag bestämmer över dig men Den Store Anden visar vägen. Vår dans var den glädjerika bekräftelsen på den nya vandringens början. Känn hur livet flödar i dig!”

”Kretsloppsdansen alltså,” skrattade jag och snurrade runt med flickan ett varv till. ”Ska vi stanna här eller kör vi vidare?”

”Vi har stannat här en stund av evigheten,” påpekade Jolith. ”Nu ska du möta en av Rådgivarna som kommer att följa dig länge, länge.”

Hon svävade mot ett av de höga bergen. Jag svävade efter så gott jag kunde, lite motvilligt kanske. Ju mer jag såg ju mer ville jag se, och jag tyckte inte att vi behövde ha så bråttom. Hurdan hade jag varit när jag var här sist? Hur hade jag sett ut, hur hade jag tänkt? Hade jag verkligen själv valt att traska ner till jorden i en fattig statarpojkes skepnad? Nåja, det kanske bara hade varit bra för mig att inte födas som snobb. Hur skulle jag ha klarat det?

Jag skrattade åt tanken och vände mig om för att njuta av det strålande panoramat. Då hörde jag en djup mansröst säga:

”Nåja Janne, kultursnobb blev du i alla fall!”

Häpen vände jag mig om. Framför mig stod en lång manlig gestalt i ljusgul mantel. Hans hår var vitt som snö, men ansiktet ungt och slätt. Profilen var skarpskuren. Hans anletsdrag var mejslade som av en hellensk konstnär och de dunkelblå ögonen djupa och fulla av liv. Han betraktade mig forskande men vänligt leende. Jag kände instinktivt att han hade en djup fond av humor.

”Det är dags för dig att konfronteras med dig själv,” fortsatte han. ”Det du har varit och det du är ska tillsammans utgöra vad du blir.”

”Aha, Akashakrönikan!” utbrast jag. ”Där uppenbaras alla ens dumheter, eller hur? Törs jag fråga vem du är?”

”Jag heter Zar,” svarade han och det glittrade till i hans ögon. ”Du har inte *bara* gjort dumheter, min vän. Jag kommer att vara din ledare och lärare så länge du behöver mig. Akashakrönikan (se Kosmiska kartan på pärmens insidor) är ett slags mellanstadium mellan två världar, den måste alla uppleva. Efteråt avgörs det till vilken värld man hör, så det är bäst vi får det undanstökat."

Berget vi kommit fram till reste sig nästan lodrätt upp mot skyn. Jag minns ännu de underbara solnedgångarna över barndomsbergens skogklädda toppar. Här var det ännu vackrare. Himlen ovanför berget rodnade och antog en ljuvlig färg av rosenrött och laxrosa med stänk av glittrande guld. Mannen vid min sida vidrörde berget med en stav. Bergväggen började skaka och lyfte sig som en teaterkuliss. Innanför den fanns ett rum. Det var inrett med bekväma stolar framför vad som såg ut som en enorm filmduk från vägg till vägg. Rummet upplystes av ett milt, behagligt sken. Jolith förde mig till en fåtölj och satte sig sedan på min högra sida medan Zar satte sig på den vänstra. Mellan oss och filmduken fanns ett litet podium med golvet belyst underifrån. Någonstans ifrån strömmade mild musik ut i rummet.

Akashakrönikan

"Är du redo?" frågade Zar. "Du får vara beredd på både angenäma och mindre behagliga möten. Huvudpersonen här är Sanningen - den sanning som följt dig genom årtusenden."

"Sanningen om bondlurken Jan," småskrattade jag. "Sätt igång bara! Jag vet nog vilken spjuver och rackare jag har varit."

Zar gav mig en egendomlig blick.

"Vi vet i alla fall att du tycker om den spjuvern och rackaren," sa han. "Att tycka om sig själv är en viktig egenskap för den som skapar. Hur tror du annars att du hade blivit en så uppskattad författare? Snart ska vi se om människan Jan är en spegelbild av författaren Jan - eller tvärtom. Vi ska se vad du ångrar och vad du vill förlåta hos dig själv."

Jag tänkte ge honom ett bitande svar på vad jag ångrade mest - någonting om sköna fruntimmer och att ta tillfället i akt - när filmduken plötsligt förmörkades. Det blixtrade och dundrade, regnet piskade över oss därinne i bergarummet, men vi blev inte våta. Vi satt torrskodda i ett oväder utan like. De fuktiga bergväggarna lystes upp av blixtarna och deras knottriga yta glänste som om den var överströdd med diamanter.

"Höj ditt medvetande!" befallde Zar och lade sin hand över min.

Plötsligt kände jag att de jordiska tankarna försvann och hela mitt inre upplevde en euforisk känsla av ljus och strålande färger; en lycka så stor att glädjetårar rullade utför mina kinder. Ovädret hade upphört och jag såg min barndoms ängar och skogar på filmduken. Jag såg min mor föda mig och min far som stod bredvid och tuggade på sina mustascher, stolt och rädd. Stolt över ännu en son, rädd för att min mors krafter skulle avtaga. Men allt gick bra. Jag såg min uppväxt, mitt liv som man med egen familj, hustru, son och dotter. Jag grät, skämdes, gladdes, stoltserade över godbitarna i livet, förfärades över mörkersidorna, glad att jag kommit igenom dem med en klackspark!

"Tocket liv!" ojade jag mig mellan varven av skratt och gråt. Kan man förlåtas för sådana dumheter? Kan man glömma sådana oförrätter? Kan man orka gå vidare med den bördan på klenryggen?

"Din rygg är stark, Jan!" svarade Zar. "Pass nu på och hälsa, ty mötena blir mycket korta."

På podiet stod min mor och min far och min älskade lillasyster. De var lika eteriska som jag, men när jag störtade fram till dem för att krama om dem kändes deras kroppar varma och substantiella.

Jag hade hela tiden trott att jag och alla andra pratade som vanligt. Först nu gick det upp ett ljus i min arma skalle. Ingen rörde på munnen, varken Zar, ängeln, far, mor eller syster min. Hur var det med mig själv? Jag pratade febrilt med mina kära, men när jag höll fingret mot munnen rörde läpparna sig inte. Det var en chock! Men när jag såg de käras miner förstod jag att även de gjort samma märkliga upptäckt. Jag kände mig först som en buktalare, men när far skrattade sitt bullrande skratt utan att bullra förstod jag att den här nya kroppen inte fungerade på samma sätt som den gamla utslitna.

Tyvärr försvann de trygga välbekanta gestalterna innan jag ens hann tänka färdigt. Men det kom nya. Människa efter människa med mer eller mindre bekanta ansikten från mitt jordeliv uppträdde på podiet. En del skällde på mig och då njöt jag hejdlöst av att munnarna inte rörde sig. Oförrätter, slagsmål och oförskämdheter passerade revy. Kära avlidna närstående kom och tryckte min hand. Men alla dessa företeelser fick ett slut när filmduken återigen mörknade och podiet slutade lysa.

"Nu går vi tillbaka till föregående liv," hördes Zars röst. "Vi får se om du har utvecklats under årtusendena."

Jag hade varit munk på 1300-talet och herreman i pudrad peruk på ett svenskt slott på 1700-talet. Jag hade varit fiskare i Greklands övärld och seglat döden till mötes i vredgade bränningar.

Jag hade varit romersk ädling under Jesu tid och soldat i ett fattigt Finland. För varje liv som visades mig kom minnet genast tillbaka. Jag kände mig präglad till dessa liv, men under alltsammans låg vissheten om att jag var jag. Förändringarna var av yttre slag men den innersta Johan Fridolf Johansson From, alias Jan Fridegård, fanns där hela tiden under ytan, trevande, sökande, längtande och fylld av sitt eget speciella rättvisepatos. Var jag jägare så jagade jag orättvisor och falska krumbukter, var jag herreman så jagade jag fruntimmer. Jan fanns där hela tiden fastän jag hade tusen ansikten.

Det var en seglats på livets hav som inte författaren Jan ens i sina vildaste drömmar hade kunnat ana. Kanske fläktade dock det undermedvetna fram en och annan bild av svett och tårar, eller av styrka och mod, även i mitt senaste liv på jorden. Jag hade redan nu bestämt mig fullt och fast att stanna där jag var. Jag kände att jag hade gjort mitt på jorden. Jag hade sett allt, upplevt allt. Att återvända till jorden skulle bara bli en repris på det gamla, en överviktig anka på en blank och vemodig sjö. Nej, häruppe var det mycket mer spännande!

"Jaså Jan, du vill stanna kvar här? Inte gå tillbaka till dina dunkelgröna skogar och ditt liv som författare i stadens förklarade ljus?" Zar såg roat på mig och tillade: "Titta här! Detta är en bild av dagens Stockholm. Föreställ dig hur det vore att leva där!"

Jag tittade, i spänd förväntan på att Hasselbacken och Bellmansro skulle stiga fram i all sin prakt, tillika med Operakällaren och Berzeliterrassen. Kanske skulle jag med blicken få följa en vandring på Strandvägen eller på Hamngatan, upp till NK? Kanske skulle jag få göra en tur till gamla Haga och vandra ett slag bland kåkarna i Hagalund? Men vad såg jag? Förskräckelsen över de vyer som visades gjorde att jag bokstavligen kände håret resa sig på huvudet. Var detta vårt gamla Stockholm, Bellmans och Evert Taubes stad, med gränderna i Gamla Stan och Söders blinkande höjder i stilla aftonsol?

Det var kaos. Det var våld, hets, rusning, råbarkade sällar som ryckte väskor av gamla damer och sedan sparkade dem, barn som slog barn och som inte orkade vara barn längre. Knarkande, supande, främmande bilder! Främlingar, främlingskap, en omkastad innerstad helt utan den gamla vänliga, varma atmosfären. Skrål och bråk överallt. Jag ville inte se mer, jag gömde ansiktet i händerna. Köplust, vinningslystnad, maktkamp och främlingskap, det var en framtid jag aldrig mer ville se.

"Kritisera inte!" manade Zar. "Städerna är vad tiden gjort dem
till. Ingen tvingar dig tillbaka till den framtiden. Du har fortfarande
din fria vilja."

Jag vet inte om jag satt några timmar eller flera dagar i
bergarummet med filmduken och hologrammen. Allt som utspelades
rörde sig i en tredimensionell verklighet blandad med overklighet.
Tid finns ju inte här, så när vi var klara reste vi oss lika lätt som om
föreställningen bara varat en timme. Zar frågade mig om jag ångrade
något i mina liv.

"Hur ska jag kunna det?" svarade jag. "Alltsammans var en
fråga om utveckling. Jag lärde mig något hela tiden. Men jag har
långt ifrån lärt mig allt. Nu vill jag veta mera!"

"Jag godtar ditt svar," sa min lärare vänligt. "Du är mogen för
att vandra vidare om du själv vill."

"Får alla som går över se sin Akashakrönika?" frågade jag.

"Javisst," svarade Zar. "Vi har sådana här "filmlokaler" på
flera håll. En del blir svårt chockade av Akashakrönikan därför att
minnet återvänder med varje liv de ser, många gånger obearbetat,
och det kan vara svåra saker att återuppleva. Du klarade dig bra på
grund av din klara uppfattning av ditt eget jag, som du har analyserat
i bok efter bok. Men det finns många vägar att välja på efter
krönikan och om du vill vidare så följ med mig."

3. Skapelseprocessen

På lätta fötter lämnade vi bergarummet och vandrade i en lång gång med dagsljusbelysning. Jag vet inte hur länge vi gick sida vid sida, under trevligt småprat, men plötsligt tog gången slut. Vi kom ut i ett bländande ljussken som först hindrade mig från att se omgivningen. Jag skuggade mina ögon med armen och upptäckte då en varelse framför oss. Jag kunde inte se om det var en man eller en kvinna, men det var ett strålande väsen. Jag fylldes av vördnad och föll på knä. Kanske var det en ärkeängel?

Varelsen lyfte vänligt leende upp mig och jag anade att det var en kvinna. Hon hade långt rödskiftande hår, ögonen var djupa och mörka och hon utstrålade värme och glädje.

"Välkommen, Jan," smålog hon. "Jag är ingen ärkeängel men väl en ängel och din lärare! Jag heter Shala och tillsammans med Zar ska jag undervisa dig i den urgamla visdomen och visa dig vem du är och varifrån du kommer. Din kunskapstörst som fanns redan på jorden har fört dig till oss och till Änglaskolan."

Detta ljuvliga väsen var alltså ett fruntimmer och till på köpet min framtida lärare! Det var lektioner att längta efter. Men var fanns skolan?

"Här!" svarade Zar och slog ut med armarna. "Du har nyss gått igenom en tunnel till Änglarnas rike. Härifrån ska du få uppleva ditt ursprung."

Det bländande ljuset hade dämpats och jag såg mig om. Jag befann mig åter i en slags filmlokal med tre väggar. Den fjärde väggen var öppen och jag skymtade en vacker trädgård därutanför. Bilder började uppträda på de tomma väggarna. Människofigurer svävade ut ur den ena väggen och in i den andra. Det var gestalter klädda i mycket ålderdomliga kläder och de påminde mest om indianer. Först framstod hela scenen som ett förvirrat flaxande av varelser med eller utan ansikten. Ändå fanns det en viss rytm i det hela. Så blev alltsammans plötsligt mörklagt.

"Du såg de första människorna på väg till jorden," förklarade Shala. "De ursprungliga invånarna kom från en annan planet. Den kunskap som de förmedlade då finns fortfarande bevarad i jordens innandöme, men än har det inte varit dags att presentera den för mänskligheten. Mot slutet av nittonhundratalet kommer sanningen att bli så nödvändig för människorna att något eller någon måste förmedla den till dem, innan hela jordklotet sprängs sönder av deras oförstånd."

"Det kan jag tänka mig," inflikade jag dystert. "Nersmutsningen av jorden hade redan börjat när jag gick över i slutet av 1960-talet. Både den inre och den yttre nersmutsningen! Vad kan ni göra åt den? Vill ni att jorden ska gå under?"

"Naturligtvis inte," svarade Zars trygga röst. "Vi arbetar för högtryck med att upplysa jordens invånare och en hel del har börjat lyssna. Du hör till dem som ska utbildas för kontakt med en jordinvånare som kan sända budskapet vidare. Men för den uppgiften måste du genomgå mycket utbildning, tester och invigningar."

"Vet inte om jag duger till sådant," muttrade jag. "Ska jag ha kontakt med någon på jorden? Det önskar jag helst slippa!"

"Du ska inspirera en kvinna på jorden, som via ditt författarskap kombinerat med hennes eget och med hennes medialitet, ska föra ut sanningen till människorna," förklarade Shala.

"Har jag något bra förlag på lut också?" skämtade jag.

"Det får vi försöka ordna," smålog Zar. "Du kommer alltså att kvarstå som författare även här. Tilltalar det dig?"

"Jovars," svarade jag spefullt. "Om damen ifråga har lätt för att fatta och dessutom beter sig hyggligt och uppskattar mina råd, så kan det väl fungera."

"Får jag se mer av jordens första invånare?" fortsatte jag.

"Så småningom," svarade Zar. "Men först ska du få uppleva något helt annat. Du ska själv få deltaga i jordens födelse. Du är lika gammal som vi - miljarder år! Låt våra medvetanden födas tillsammans på en resa på änglavingar! Låt våra själar vakna i Enhetens oändliga hav hos Den Store Anden. Du kommer att få uppleva vad få människosjälar fått se. Jolith ska föra oss till målet på sina stora vingar. Hon har förmågan att ta form efter behov och vi kallar på henne - nu!"

Jag tänkte, lite dumt, att det här var bättre upp än de seanser jag bevistat i min fysiska kropp. Men innan jag hann tänka färdigt kom min skyddsängel, nu som en jättekvinna, och rullade in mig i sin ena vinge. På den andra satt redan mina två lärare. Innan den makabra tanken slog mig att död man skulle ut på äventyr, svepte vi iväg rakt igenom väggen och rätt in i en slags pulserande korridor.

Var skulle vi nu hamna?

Svaret kom snabbare än jag hade väntat. En dörr öppnades i korridoren och Jolith flög ut genom den, rakt ut i världsrymden. Allt var blå luft, midnattsblå, klar luft. Det fanns inget ljus, inte minsta stråle av ljus! Ändå såg jag och förnam jag. Vingen där jag satt vecklades ut och innan jag hann tänka höll Shala upp en spegel framför mina ögon. Jag såg ingenting i spegeln, absolut ingenting. Först blev jag rädd. Har jag inget ansikte mer? tänkte jag fråga och mindes med saknad den stilige soldaten som flörtade med flickorna på dansbanan. Men återigen var jag inne i fel tänkande, ty det släcktes ut och jag hörde en röst viska i mitt öra:

"Jan, du är ett stoftkorn i vårt universum! Ett stoftkorn har inga tankar, men du har förmånen att ta in och förstå vad dina lärare förmedlar till dig. Se dig om i ditt nyväckta medvetande!"

En lätt knuff och jag for iväg nerför vingen som på en rutschbana. Den virvlande verklighet jag blåste omkring i var ett kosmos som liknade natthimlen man såg från verandan därhemma en natt utan måne och stjärnor. Så tänkte jag förstås inte, jag var bara ett nyfött medvetande i ett stoftkorn en dunkelblå natt, där inte ens några himlakroppar fanns att se. Men det fanns en Kärlekskraft i vardande och det fanns andra, redan färdiga universa. Stoftkornet Janne visste ingenting om detta, men den dansande vinden medförde röster som sjöng Skapelsesången, även om jag varken hörde eller förstod.

Så kom Ljuset och i det befann sig Kärlekskraften. Den Oändlige Anden som råder över vårt universum hade delat sin kraft så att den genomströmmade det indigoblå mörkret. Stoftkornet Janne drogs in i ljuset och växte inne i detta levande, skapande, besjälade sken till en energi, en stråle med en glimt av ett större medvetande. Men än var han bara mycket ung energi.

Den strålande Kärlekskraften hade kommit till vårt universum för att stanna. En liten pust från dess glödande mittpunkt förvandlades till en ton - och ljudet föddes. Kärlekskraften delade sig och blev dual, dvs. manlig och kvinnlig, yin och yang. Partiklar utstöttes ur ljuset och for ut i rymden med en vidunderlig snabbhet och styrka. Under eoner av olika utvecklingsstadier bildade de så småningom planeter och stjärnor i vår galax.

De osynliga världarna kom först

Kärleksandningen från detta oerhörda Väsen satte i gång Skapelsen. Först skapades de osynliga världarna. De synliga, fysiska himlakropparna är egentligen unga allesammans. Ännu yngre var jag när jag vilade i min egen energiström under det att Det Högsta Medvetandet var i färd med att arbeta med Skapelseprocessen. Jag fanns där i ljuset och ett märkligt skådespel rullades upp för mitt ännu drömmande medvetande.

Först befolkades de osynliga världarna. Jag låg som en energiform och iakttog denna märkliga skapelseakt. Den Oändlige Andens duala gestalter syntes endast som svaga konturer i ljuset. Eftersom även jag bara var ljusenergi kunde jag närma mig dem och då förnam jag en tanke som genomsyrade deras utstrålning. Det var en vacker tanke som uttryckte en längtan efter att befolka den innersta ljusvärlden med samma underbara skönhet som Den Högste Anden själv medfört till sitt universum. Den gudomliga skönheten skulle avspeglas i allt skapat!

Först skapades *Seraferna* i Gudomens innersta närhet. Tonen som ljöd i kosmos formade med sina klanger de ljuvligaste väsen. Dessa väsen blev musikens tjänare, de som styr tonernas värld. Det var ett slags ömsesidigt vardande, ett ursprung av ljud som så småningom bildade sfärernas musik. Seraferna var späda och genomskinliga. Deras ljusa hår flöt omkring som ett glittrande sken i den luft som ännu inte hade sol, vind eller regn. De var den sakrala musikens själar och hela deras tillvaro handlade om att i toner uttrycka Kärlekens otaliga ansikten.

Därefter såg jag hela *Änglariket* växa fram inför mina förvånade "ögon", som ännu inte var ögon utan endast förnimmelser. Jag skruvade på mig, ruskade på mig och försökte tala om för Alltet att jag snart ville födas. Jag var inte tillfreds med att fladdra omkring på energivågor utan kropp, utan möjlighet att meddela mig. Jag längtade efter att bli skapad jag också. Men än var det inte energivågornas tur.

Änglarna fick sin speciella uppdelning i olika riken. Det fanns *sju Elohim* och *sju Ärkeänglar*. Elohim fick till att börja med i uppdrag att styra planeter och stjärnor i hela galaxen. Ärkeänglarna blev den skapande ordningen i Änglariket. Det finns tusentals olika grupper av änglar, så där fordras en stark organisation. *Keruberna* var glädjens lättviktare. De var - och är - sändebud mellan stjärnorna. Jag såg dem framtona och utvecklas till ständigt glada och rosiga små varelser som alltid var beredda att dela med sig av sina positiva gåvor. Länge vilade jag i skenet från Änglarnas paradisiska omgivningar utan att förstå vad jag ville, eftersom jag ännu inte hade någon unik själ utan endast utgjorde en del av Enheten i Ljuset.

Lucifers avhopp

Men det tillkom en störning i all denna ljusa energi. Jag upplevde den bara som ett kyligt drag i kärleksenergin där jag vilade. Men mina lärare berättade för mig med röster som var tankar, som var varseblivningar, som var förnimmelser i ljushavet. Vi var existenser i ett evigt vara till dess förändringens vindar kom farande, när seklen började bli sekel och det var dags för den fysiska skapelsens födelse. Bland Änglarna skedde detta:

En av Ärkeänglarna, han som kallades Ljusbäraren eller Lucifer, vredgades över att hans makt var alltför begränsad. Han ställde krav, men han nekades eftersom den rådande ordningen kunde bli störd. I vredesmod lämnade han sin post som Ärkeängel och skapade sitt eget rike. Många änglar följde honom, eftersom han var mycket älskad. De trodde att han blivit utstött från de himmelska boningarna. Men hans bröder och hans Fader förstod inte vad som plötsligt tagit åt honom. Ingen bestämde något utan Faderns samtycke. Varför var han inte nöjd med sin lott att föra ljuset vidare, att vårda det och utveckla det?

Lucifer var från början inte ond, endast högmodig. Det var aldrig meningen att hans flykt från Fadershuset skulle bli varaktig. Hans bröder var beredda att sluta honom i sin famn när han kom tillbaka. Men varken han eller de medföljande änglarna återvände. I Lucifers nya rike skedde en slags ljusförmörkelse och ur den växte ondskan fram. Sakta men säkert skapades kryp och kräk som inte borde finnas till, och i spetsen för dem skapade Lucifer en ledare. Från början var det en trotsig lek, men ledaren blev ond eftersom Lucifer i och med sin flykt från de himmelska nejderna förlorat förmågan att skapa i Kärlek. Kärleken nådde inte in i hans rike.

Ledaren hade horn som en get och han kallades Den Onde eller djävulen. Han växte till i kraft och styrka och snart tillskansade han sig makten i Lucifers rike. Han tillfångatog den forne ängeln och satte honom i en borg i utkanten av riket, där han skulle sitta än i dag om inte hans ånger under årtusenden äntligen fört honom tillbaka till Ljusets änglar. Nu är han förlåten och han arbetar på att rädda jorden. Ingen känner bättre än han ondskans vägar, därför är han särskilt lämpad till att motarbeta den.

Yin och yang - dualitet och polaritet

Eftersom jag, Jan, bortom den flytande ljusenergin hade en själ som upplevde allt detta som en livsrepetition, ställde jag frågor till mina båda lärare. Jag kunde höra dem och förnimma deras närhet men ännu inte se dem. Jag undrade hur änglarna skapades från början, om de hade olika kön eller hur de annars förökade sig. Med ett mjukt skratt svarade Shalas röst:

"Du har upplevt den första tonen och tonklaven. Då fanns redan rörelse i universum och i denna rörelse befann vi oss som mer och mer medvetna energier. Från några av dessa energistrålar eller energipunkter skapade Den Store Anden änglarna. Exakt hur det gick till är omöjligt att veta. Han förde helt enkelt förmågan att skapa med sig från sitt eget ursprung. Innan människorna skapades var änglarna bara änglar. Sedan blev de uppdelade i många olika grupper. Redan från begynnelsen fanns manliga och kvinnliga änglar, men även tvåkönade väsen. Det måste alltid finnas två poler, yin och yang, eftersom Den Store Anden också är dual. Dualiteten och polariteten ingår som lagar i vårt kosmos. Kärleken är så stark mellan alla hans skapelser att den förenar dem allesammans och den förökning som sker är inte densamma som människan menar med ordet könsakt. Hos änglarna sker en skapelseprocess av enastående skönhet. Under sång och musik och färgrika ljusspel förenas dualerna på ett sådant sätt att ett nytt änglaväsen danas.

Änglarna har precis som människorna mångskiftande talanger och de får efter sina anlag olika uppgifter. De har själva från begynnelsen byggt upp Änglariket. När du får se det häpnar du säkert över den likhet det har med jorden, både i frågan om natur och bebyggelse, fastän i klarare färger och lättare material."

De första människorna - Solens och Stjärnornas folk

"Men hur skapades människorna?" var min nästa fråga. "Var det som Bibeln förtäljer, att Adam var den första människan och Eva skapades från hans revben?"

"Det finns ingen som helst likhet mellan Bibeln och den ursprungliga, uråldriga sanningen," svarade Zars röst. "Den ska du få uppleva så småningom, lilla energignista i det stora ljuset! Vi är med dig nu som vi var då."

Plötsligt kände jag att jag drogs ut ur det ljus jag flutit omkring i så länge och fördes in i ett annat, mildare ljus. En stor och obeskrivligt skön gestalt talade och orden ekade i mig som en dånande dombasun. Jag kände en vördnad som gränsade till helig dyrkan, jag ville bara flyta in i detta oerhörda kärleksväsen.

"Jag har skapat änglarna i skönhet och harmoni," förklarade Den Gudomlige. "De är det vackraste jag vet. Eftersom jag älskar dem så högt och de är avbilder av min kraft vill jag skapa planeternas invånare till deras likar. Det finns redan planeter där det bor arter som kommit till genom utveckling. De har ingen själ men en hög teknisk begåvning. Nu vill jag ge själen en boning värdig all den kärlek, skönhet och glädje den innehåller och därför säger jag: Varde Människa!"

Den gigantiska ansamlingen av energier som liksom magneter dragits till Skaparens väldiga, strålande gestalt skalv till när en underbar ton ackompanjerade hans ord och brast ut i något jag kan likna vid ett jättefyrverkeri. Detta fyrverkeri skedde mitt inne i det starka kosmiska ljuset. Från detta sprakande, gnistrande, fantastiska ljus kom gestalter simmande, svävande, skridande. Först kände jag mig som en åskådare, men sedan kände jag hur jag växte.

Jag blickade ner på min kropp. Jag hade fått en kropp! Den var ännu inte tydlig, inte stark och tät, men den hade huvud, armar och ben som de andra varelserna som skockades omkring mig. Vi omringades av ljuvliga änglar som sjöng och dansade och bredde ut sina vingar omkring oss. Intill mig svävade mina två lärare. Också de var lite diffusa men fullt igenkännliga. De tog mina händer och i ett huj, i en blink, i bråkdelen av en sekund, förflyttades vi från det obestämbara varats solljusa energivågor till en mark av jord och lera, av skummande svallvågor från ett klarblått hav och vindsus i höga trädkronor.

Zio och utvandringen till jorden

Änglarna stannade kvar hos oss en tid för att hjälpa oss tillrätta. Det var "indianernas" planet vi kommit till: den trolska, sköna, vindomsusade Zio, som utgjorde en av de först befolkade planeterna i vårt solsystem. Än var det inte dags för jorden! Jag hade inte fötts ur ett moderssköte, jag blev till i ljusets energisammansmältningar och så var det med oss alla. Vi var lätta, tunna varelser som plötsligt blivit placerade på en fysisk jord, även om Zios mark inte ägde vår jords täthetsgrad. Innan jag "inplanterades" på Zio var vår jord delvis en glödande massa som svävade i världsrymden tillsammans med andra klot. Det fanns inga kvadratiska eller ellipsformade planeter. Klotet, dvs. cirkeln, var tecken på det eviga ursprunget.

Vi såg på varandra. Vi iakttog varandra. Vi var yin och yang. Vi iakttog änglarna. Vi lyssnade och lärde. Vi var alla så vackra! Vårt hår, som i början varit ljust, nästan färglöst, mörknade alltmer under den första tiden på Zio. Våra anletsdrag var inte längre identiska, våra utseenden skiftade som det rinnande vattnet i de brusande forsarna i våra nya skogar. När vi kom så långt som till att bygga bostäder, gräva i den lätta jorden och trava de skimrande stenarna på varandra, präglades vårt utseende alltmer av olika karaktärsdrag. Det visade sig att i våra medvetanden fanns många olika talanger och anlag. Den ene var konstnärlig, den andre musikalisk, den tredje var en skicklig hantverkare. Änglarna visade oss hur vi skulle bygga, hur kvinnorna skulle väva och sy, hur vi kunde utnyttja de vilda djuren och tämja dem till husdjur. Det fanns ingen ondska, inget kiv om brödfödan, som blev alltmer substantiell. Det fanns däremot oerhört mycket kärlek, glädje och gemenskap.

Vi mindes hela tiden Den Store Anden, och änglarna påminde oss om vi glömde. Men ännu var jag inte Jan, poeten och skämtaren som står vid grinden till den eteriska världen och berättar för sina jordevänner. Om någon säger att "Jan har klivit uppför många trappsteg, han, och rest över många plan", så är det fel. Här finns inga trappsteg och inga plan, bara en oändlig Enhet i olika riken och sektioner. Studera den Kosmiska kartan på sidan 4, kära läsare. I mitten finns Den Oändlige Anden som svävar över alltsammans för att övervaka sin skapelse.

"Sväva inte ut för mycket," avbröt mig Shala. "Du höll på att berätta om Zio. Vad hände där? Blev ni helt fysiska?"

"Ja," svarade jag, "men det tog tid även om det inte fanns

någon tid där heller. Vi levde i en slags frekvens utanför all tidräkning. Jag vet att du och Zar tillhörde de änglar som hjälpte oss. Men vi skapade ingen religion av den kunskap vi fick. Vi var trofasta mot Den Store Anden och hans kärlekslagar.

"Den glödande massa som återstod på Zio överdrogs med berg och jord och planeten blev alltmer fysisk. Våra tunna gestalter som hitintills arbetat med att skapa en beboelig planet blev som jag nämnde fastare och mer synliga. Vi blev någonting att ta i, som kunde skapa och gestalta med kropp och själ i samklang, skratta, le och gråta - men bara av glädje, för än hade sorgen inte uppfunnits. När vi en dag stod på saftigt grönt gräs och träden växte upp omkring oss, susade med bladverket och erbjöd oss härliga frukter, fick vi lust att dansa och sjunga. Samspelet med naturens väsen var viktigt på Zio. Varje träd, varje blomma, det höga fjället och den sjungande forsen hade alla sina devor och vi talade allesammans samma språk. Vi kommunicerade ständigt med dem, utbytte förtroenden och hjälpte varandra på alla sätt.

"Vi var stolta över att härstamma från Den Store Anden. Han var vår ende sanne härskare. Vi vördade den duala Livsflamman och fastän vi var spridda över hela den stora planeten liknade våra ritualer varandra. Vi var beroende av solen och den var helig för oss, precis som månen. Vi hade sol- och måndanser, stjärnfester och Den Store Andens dagar. Döden var okänd för oss. Vårt liv varade ungefär tusen år i taget, sedan genomgick vi en livsuppfriskande process och började på nytt igen! Vi var skapade av levande energi och hade därför kontakt med alla andra levande energier i hela kosmos.

"Varför kallar jag oss indianer? Det är för att läsaren lättare ska förstå vårt ursprung, eftersom det går fram ända till nutidens indianstammar. Uttrycket "indian" är helt felaktigt som ni säkert vet. Det skapades av Columbus när han på 1400-talet kom i land vid Amerikas kust och trodde att han hade kommit till Indien. Vårt riktiga namn är "Solens och Stjärnornas folk" och nutidens indianer kallar oss för "Mu luwetam", det första folket. Vi levde i symbios med hela världsalltet tills den stora katastrofen kom.

"En meteorit var på väg rakt mot Zio. Vårt läge var mitt i vår galax. När detta hände befann sig jorden på ungefär samma fysiska nivå som Zio, men den var obebodd av människor. Skadan på Zio gick inte att undvika. Med oerhörd kraft slog meteoriten ner i sidan på vår olyckliga planet. Vi hade räknat ut ungefär var den skulle träffa och evakuerat halva planeten. Redan på den tiden fanns det som numera kallas "UFO:n" och vi fick budskap från Den Store Anden att den evakuerade delen av folket skulle resa vidare och bosätta sig på planeten jorden. Jag var en av dessa "flyktingar". Zio skadades svårt. Av den fruktansvärda stöten åkte planeten iväg så många ljusår att den "landade" i utkanten av vår galax. Där finns den fortfarande kvar och enligt de meddelanden vi får därifrån har den återtagit det mesta av sitt forna utseende, så när som på ett gigantiskt hav som uppstått där meteoriten slog ned.

"Men vi emigranter landade alltså på jorden. Flora och fauna utbredde sin orörda rikedom bland berg och vatten. Då fanns det mer vatten på jorden än på Zio och färre höga berg. En djurart var så människoliknande att den gick upprätt och hade utvecklat armar med händer till gripverktyg. Intelligensen hos dessa djur var begränsad, men de levde ett tillbakadraget liv i en miljö som närmast liknade vår tids regnskogar.

"Vi, som var skapade till änglars likar, blev jordens första mänskliga invånare. Vi försökte leva som vi blivit lärda på vår egen planet och vi hade en lång tids uppbyggnadsarbete i bästa gemenskap. Men vi var inte helt utan problem. Många av våra unga kvinnor blev bortrövade av de människoliknande aporna. Det föddes barn av en blandning som grundlade en del av det nuvarande människosläktet. Vi försökte bli vänner med dem, men snart uppstod avund och missunnsamhet hos denna "blandras" och deras hat riktades mot oss.

"Plötsligt blev döden ett faktum som vi inte kunde bortse ifrån. Apmänniskornas liv räckte inte ens hundra år. Vi förstod det inte. Vi isolerade oss från dem och byggde skyddsvallar så att de inte skulle inkräkta på vår mark. Därmed var äganderätt och fientlighet etablerade på jorden. Vi som levt skyddade i vår egen odödlighet och med våra starka kärlekslagar - vi blev svaga och sårbara. Nytänkandet åstadkom sjukdom och död. Livslängden minskade. Inkarnationscykeln förändrades till sitt nuvarande tillstånd: ett liv på cirka 100 år och perioder av vistelser i andra världar mellan liven. På detta vis bildades de världar och riken som på den Kosmiska kartan (sid 4) ligger utanför den eteriska. Så började människorna bli människor!

4. Det Förlorade Tusenårsriket

Det var nästan hemskt för det iakttagande Janne-jaget att få ett högre medvetande om vad som hänt med mig från jordens födelse och ännu längre tillbaka. Ännu kändes det som om jag bar en bit jordmull i fickan och min häpnad inför upplevelserna i Änglaskolan blandades nästan med skräck. Det var så mycket nytt jag fick veta, och allt var inte positivt. En sådan nyhet var att planeter i andra galaxer hade utvecklat en slags märkliga gudar. Det var högt stående väsen med kunskaper långt utöver människans. De kunde skapa och de skapade! Deras arbete var inte ondskefullt, men de styrde energier mellan planeterna som öppnade nya vägar för människorna.

På en av Orions stjärnor fanns en maktlysten härskare som hette Godonda. Han drömde om att få lägga under sig jorden och därför reste han hit för att underkuva de folkstammar som fanns här. Han ville bli betraktad som en gud och det lyckades han med genom att skrämma människorna till dyrkan. I hans kölvatten följde alla de små gudarna, som egentligen var olika företeelsers herrar. Under långa tider kom den *gode* guden som vi kallar Den Store Anden i skymundan, därför att Godonda utlovade makt och härlighet åt dem som följde honom. Det gjorde inte Den Store Anden. Han talade till människornas hjärtan och han gav dem den fria viljan. Omedvetet fängslades den fria viljan i Godondas våld och människorna fick fel inriktning från början. Godonda splittrade upp människorna i olika religioner, t.ex. den nordiska asatron, den grekiska och den egyptiska gudatron, judendomen m.fl. så att Den Store Anden skulle tappa fotfästet. Men det gjorde han inte, han väntade och avvaktade och sände ner en av sina högsta änglar till jorden för att lära människorna leva efter Kärlekens lagar.

Godondas smågudar - t.ex. de nordiska, de grekiska och de egyptiska - blev ambassadörer i islam, i buddhism, i muhammedanism. Det finns gudar i kulturer över hela jordklotet, men den Ende, Oändlige Anden har under namnet "Gud" blivit missbrukad. I "Guds" namn hetsas broder mot broder och far mot son. I "Guds" namn sker de grövsta brotten där hat och våld går hand i hand med krig och profiter av alla slag.

Jag har läst många böcker om Skapelsen i mitt jordeliv. Ännu fler har säkert kommit ut senare. Det vimlar av Skapelseböcker som alla säger olika saker och använder olika termer. När jag funderade över detta ingrep Zar i mina tankar.

"Stopp, min vän," varnade han vänligt. "Alla de böcker du talar om är riktiga på sitt sätt. Genom att allt är en Enhet och allting ingår i denna Enhet, både planetariskt och kosmiskt sett, så är alltsammans positivt. Varje sanning gäller som sanning om den kommer från ett ärligt, vist och kärleksfullt hjärta."

"Men hur ska man då kunna förstå?" protesterade jag. "Vilken röra det måste bli om man accepterar allt! Var kommer Godonda in i Enheten?"

"Du ska ta till dig det ditt hjärta säger är rätt. Tänk på att de kunskaper du inhämtar i Änglariket dansar långdans i kosmos och att den långdansen inrymmer både gudar och människor, nu och då och sedan. Var och en har sin plats, sin uppgift, men bara få lyckas träffa ditt hjärta med en Amor-pil."

"Allt är så nytt, men jag tror dig."

"Det är ju därför Shala och jag finns hos dig. Detta som visas dig i bild och upplevelse är vår version av Skapelsen så som vi och du erfarit den. Andra medvetanden kanske känner alltsammans på ett annorlunda sätt och då kommer de med en annan historia. En opal innehåller många färger: den ene tycker att den är mest blå, den andre ser bara de rosa skiftningarna och den tredje hävdar att stenen är grön. Så många varianter finns på samma sak. Häng inte upp dig på småsakerna, försök alltid att se helheten. Detaljerna finns överallt men de bildar inte en helhet förrän de sammanfogas. För dig var miljoner år ett mycket varierande hav av förnimmelser, ljus- och ljudupplevelser. Fortsätt nu med dina minnen från den första tiden på jorden."

"Jag minns att vi levde i byar där vi hade en "moder" och en "fader" som hjälpte oss tillrätta. Dessa behöll sin eteriska form längre än vi andra. Vi fick behålla det tusenåriga livet så länge vi inte föll offer för människoaporna eller ådrog oss de sjukdomar som numera räknas som naturliga mänskliga egenskaper: hat, avundsjuka, svartsjuka, girighet, makthunger etc. De innersta grupperna av Solens och Stjärnornas folk måste träffas i hemlighet på dolda heliga platser i grottor eller under jorden. Vi kunde aldrig vara säkra på att inte bli överfallna av apfolket eller av vilda djur, men det var lättare att handskas med de vilda djuren än med de vilda människobestarna.

"Några av de ursprungliga heliga platserna där våra grupper samlades finns kvar ännu. De finns i Kanada, New Mexiko, Peru, Anderna, Himalaya och Nordpolen och Sydpolen. Även om hav och landområden förflyttat sig och totalt ändrat läge gäller dessa platser på ett ungefär. Vi har lämnat minnen efter oss som människorna ännu inte lyckats tyda. Fler upptäckter kommer att göras i framtiden.

"När en människa hade nått tusenårsgränsen förekom en ritual som den tusenårige måste genomgå före "uppfräschningen". Kunde han eller hon klara de tester som förelades fick man passera vidare in i nästa tusenårsperiod. Allt fler av oss misslyckades. Vi kallade dem "utvandrare". Att jag själv skulle komma att höra till dem trodde jag aldrig, inte förrän "fallet" var ett faktum.

"Det evigt kvinnliga har alltid fängslat mig, fångat mig och lett mig in i en fjärilsdans som kanske slutat illa ibland. Kanske hade Jannepojken börjat vakna i mig redan då, för en dag när jag var ute och vandrade i markerna kring mitt hem fick jag syn på en människoflicka med långt guldfärgat hår. Jag förstod att det var en dotter av apfolkets blandningar. Hon var fager under ögonen där hon satt vid bäcken och tvättade sina fötter. Hon stänkte lekfullt lite vatten på mig när jag gick tätt förbi henne. Det hela slutade inte bra. Blev jag förförd eller hon? Jag hann inte tänka innan hon försvann som en blixt och innan jag fått veta hennes namn. Jag fick dåligt samvete och berättade aldrig detta för någon. Jag puttade ner det i mitt undermedvetna som om det aldrig hade inträffat. Jag älskade min solskensfamilj därhemma, hela gruppen av kärleksfulla människor som bar på samma urtidsvisdom som jag själv.

"En tid därefter - några månader, kanske ett par år - återsåg jag flickan med guldhåret vid samma bäck i samma skog. Återigen drevs jag mot henne av en förtärande eld och hon väckte på nytt min unga mannakraft i ett mellanting mellan älskog och slagsmål. Jag försökte bli kvitt denna rasande heta ström som flöt in i mig vid åsynen av hennes halvnakna kropp. Strömmen blev till ett hav av kärleksvånda, hetare än alla föreställningar om helvetet, fyllt av en outtömlig hunger - en besatt ström som likt lavan i ett vulkanutbrott rullade utför förståndets varnande sluttningar. När elden sakta svalnade och vi låg på gräset i varandras armar lösgjorde hon sig plötsligt och försvann som förra gången. Men efter en kort stund kom hon tillbaka med ett barn: ett gossebarn med vitt skinn och rosiga kinder och blåa små hav till ögon. Min son, tänkte jag. Min son med denna härligt vilda urskogskvinna?

"Innan jag hann sansa mig försvann alltsammans och jag flöt sakta in mot det tempel där vi förrättade tusenårsritualen. Där väntade mig min dom.

"Du klarade inte ditt prov," fick jag höra. "Varför gjorde du om ditt misstag? Någonstans i ödemarkerna bortanför våra skogar lever nu kvinnan med guldhåret tillsammans med den son hon födde dig. Du måste leta reda på dem. Du får inte vara kvar i vår grupp. Du blir inte tusen år, du är sårbar och ditt liv kan aldrig bli längre än hundra år. Oftast dör jordemänniskor mycket tidigare av olika orsaker, men det får bli din erfarenhet. Kom ihåg min son att vi älskar dig högt, men du måste lämna oss. En gång möter du oss igen i en annan ljusvärld och då får du själv välja vad du vill göra med ditt eviga liv. Till dess farväl!"

"Lucifer skapade sig själv en ny värld när han blev utstött. Nu var det min tur. Men min värld var inte ond - bara fylld av starka jordiska känslor: sexualitetens vilda feber och besvikelsens och självföraktets kalla gravar. Jag vandrade iväg och försökte plocka fram den glade slarvern, clownen och glädjespridaren inom mig. Men under skämt och skratt som blev alltmer råbarkade i jordmänniskornas värld fanns den sorgsne och ensamme vandraren.

"Min vandring blev allena och strapatsrik. Minnet av den andra världen här på jorden gjorde länge ont. Jag sökte efter sanningen. Jag sökte efter Guldhåret och det blåögda barnet. När jag till sist, efter många års sökande fann dem, levde hon tillsammans med en apman. Hon hade fött flera barn och min son fanns inte längre bland dem. Jag ville fortsätta att söka efter pojken, men apmannen dödade mig. Han representerade ondskan och svartsjukan, dvs. Godondakraften. Det var min första död, före alla de andra tusentals dödarna.

"Jag förlorade tusenårsriket och måste vänta ända till vårt nuvarande århundrade med att få tillbaka min odödlighet i en tid som inte existerar! För att återgå till Änglaskolan där jag inhämtade kunskapen om mitt "fall", erkänner jag att det var en chock att få veta att man misslyckats på ett så tidigt stadium med sitt eget "himlaspel".

Sagan om Toja

Jag vandrade genom många riken, en del mörka, en del ljusa, men i de flesta levde invånarna ett lugnt och strävsamt liv med en hövding eller härskare som ledde dem. Dessa riken kallades så småningom för "stammar".

När man vandrar omkring utan mål får man lyssna till många sällsamma historier. Det finns flera berättelser om Syndafloden, inte bara om gamle Noak eller sumerernas Gilgamesh-epos utan många andra, som jag tycker bevisar att stora översvämningar verkligen skett under ett flertal epoker av jordens historia. Jag fäste mig särskilt för en av dessa legender, som för omväxlings skull mest handlar om en kvinna. Det är en vacker och sorglig berättelse som visar den manliga självkänslans triumf, och till på köpet en mycket ohederlig triumf!

Solens och Stjärnornas folk hade, när den här historien börjar, etablerat sina riken på jorden redan för många årtusenden sedan. Den stora splittringen hade börjat. Människor hade gått för långt i maktlystnad och avundsjuka, som ledde dem vidare på ondskans och brottets bana. Maktkampen grasserade som värst i ett rike som var omslutet av havet men till ytan mycket vidsträckt.

I detta rike bodde en kvinna som hette Toja med sin make och sina tre barn, två söner och en dotter. Toja härstammade i rätt nedstigande led från gudinnan Helias släkt och hennes kunskaper i den inre världens utvecklingsmöjligheter var aktningsvärda. Hon betraktades som en mycket vis kvinna av landets invånare. Hennes make, Mendor, var inte lika rikt begåvad. Han arbetade med jorden, som var bördig och gav rika skördar. Deras två söner, Jap och Sojn, hjälpte fadern, men de lyssnade även gärna till moderns visa råd. Från det att pojkarna och deras lillasyster, Ilva, föddes, fick de varje afton lyssna till moderns märkliga sagor. Fadern avfärdade dock sagorna som "fruntimmerstrams", men de bestod av sägner, där mod, styrka och kärlek alltid ledde till de rätta vägarna och där det onda låg på lur och måste jagas bort.

Så blev det inbördeskrig i landet. Invånarna gick emot varandra, de skvallrade på varandra och gjorde höns av inga fjädrar. Deras hat och avundsjuka resulterade i att närstående personer angav varandra och att avrättningar och mord avlöste varandra. Toja och hennes familj bodde vid kusten. En dag fick hon ett inre budskap om att uppgörelsens timme närmade sig för hennes folk. Den inre rösten befallde henne att bygga ett hus med flytbar botten - en slags husbåt. Hon delgav sin make detta budskap, men han bara skrattade och kallade henne galen.

Emellertid hade Tojas söner hört vad hon sa till fadern. De var i tonåren, två starka och duktiga pojkar. Ilva var bara tio år, men alla tre hjälpte sin mor att bygga båten. Det tog dem flera månader. Mendor hånade dem och gjorde sig löjlig över huset. Han försäkrade dem att om de satte husbåten i vattnet så skulle den genast sjunka.

Ilva och Toja bar virket, pojkarna snickrade och hamrade. När båten stod där färdig kom invånarna från byn och tittade på den och hånskrattade åt den. Men Toja teg, ty hon hade fått veta att följande morgon måste den sjösättas. Då skulle deras äventyrliga färd börja. Den inre rösten befallde henne att hämta ett handjur och ett hondjur av alla sorter hon kunde finna och frakta dem ombord på husbåten. Som alltid hjälpte barnen henne, medan hennes make och byborna fortsatte att håna dem.

En del av åskådarna försökte äntra båten för att ställa till med ofog, men så snart de kom nära den var det som om en osynlig mur hindrade dem. Man började muttra om trolleri och onda makter, men det hjälpte inte. Det som skulle ombord kom ombord, ingenting annat. Mendor flydde in i deras gamla hus när han märkte oviljan och avundsjukan som byborna visade mot hans familj. Där var han trygg, ty ingenting bet på varken huset eller husbåten, varken eld eller stål. Till sist lomade byborna av, men de hotade att komma igen nästa morgon.

I gryningen påföljande morgon gick hela familjen ombord på sin husbåt, utom Mendor. Han vägrade att följa med på en sådan vansinnesfärd. Tojas hjärta värkte när hon såg hans ensamma gestalt på stranden, medan husbåten gled fram över böljorna som om den var skapad för dem. Hon frågade sin inre rådgivare om hon fick återvända för att hämta maken. Hon fick svaret ja, men samtidigt en allvarlig varning. Hennes mans hjärta var inte rent nog att följa hennes ödesväg. Om hon handlade i kärlek kunde rådgivaren inte neka henne detta, men följderna kunde bli helt andra än vad som var förutbestämt. Toja älskade sin buttre och okunnige make och bad sönerna att vända tillbaka. Motvilligt gjorde de detta, men Ilva grät och ropade: "Det drar olycka över oss, mor! Vänd inte tillbaka!"

Men båten vände och hämtade Mendor. Sparkande och skrikande togs han ombord mot sin vilja. Till slut gav han efter för sin hustrus enträgna böner och kärleksförklaringar och satte sig surmulet vid rodret.

Knappt var Mendor ombord så kom svallvågen - och inte vilken svallvåg som helst. Det var en våg som täckte hela horisonten och som i rasande fart for in över landet och dränkte hela riket med sin enorma kraft. Tojas husbåt klöv rätt igenom vågen och ut på den andra sidan. Där lade den sig lugnt och stilla till ro på det spegelblanka vattnet. Toja föll på knä och tackade innerligt den goda Kraft som räddat hennes och familjens liv.

Under tiden allt detta skedde somnade Mendor. Försiktigt lossade Toja hans hand från rodret och övertog styret. Hennes inre röst visade henne rätt riktning. Hon styrde rakt in i solnedgångens rosenröda famn. Alla på husbåten somnade.

När de vaknade låg husbåten lugnt och stilla i det grunda vågskvalpet intill en ljus landremsa. Massor av människor stod på stranden och vinkade. Till sin förvåning såg Toja att de hade samma hudfärg som hon: den rödaktiga, solvarma färgen. Hennes man var blek som månen, men hudfärgerna hade varit mycket blandade i deras förra rike. Människorna på stranden hyllade dem med blommor och väldoftande kvistar av en okänd ört. De var tydligen väntade. Toja släppte ut alla djuren från underdelen av husbåten. Det väckte enorm uppmärksamhet på stranden. Folket föll på knä och stötte sina huvuden i sanden och sjöng och skrattade.

Toja förstod att hon och hennes familj blev tagna för gudar, inte minst för de ovanliga djurens skull. Tydligen kände folket här inte till de arter som levat i familjens förra rike. Och det visade sig snart att Tojas make, Mendor, hyllades som en främmande övergud, kanske på grund av sin bleka hudfärg.

De förstod snart att de hade hamnat hos ett kärleksfullt, välvilligt folk med en urgammal kultur - men utan ledare. När husbåten anlände hade folkets ledare just dött och det fanns ingen efterföljare till honom. Mendor blev tagen för en gudarnas gåva till folket. Han sattes på en blomsterklädd tron och hans nyblivna undersåtar fjäskade omkring honom och uppfyllde alla hans önskningar. Toja och barnen blev också mycket vänligt och vördnadsfullt bemötta, men det gick inte att komma ifrån att Mendor var huvudpersonen - och det passade honom! Han begagnade sig skamlöst av sin nya ställning och hans önskningar tillfredsställde enbart hans ego.

Tojas inre röst frågade henne om hon nu förstod varför Mendor borde ha lämnats åt svallvågens förödelse. Det hade varit meningen att Toja skulle bli "gudinnan" som i kärlek skulle leda det vilsna folket i det nya vackra riket. Jap hade ärvt hennes inre seende och han skulle efterträda henne. Nu hade hon genom sitt missriktade medlidande vänt energierna åt fel håll. Den inre rösten var mycket bedrövad, men Toja vidhöll envist att hennes älskade make säkert skulle styra landet på ett bra sätt. Dessutom fanns hon vid hans sida och hon skulle hjälpa till att leda alla kommande projekt.

Men Toja märkte snart att hennes röst inte blev hörd. Mendor valde ut de vackraste kvinnorna vid sitt hov och levde ett promiskuöst liv med dem i lyx och överflöd. Toja sörjde och hennes söner blev alltmer uppretade på fadern.

Många månar hade inte visat sina blekgula strålar när Toja fick bud om att inställa sig hos maken. Han blängde på henne uppifrån och ner och klagade på att hon stört ett viktigt möte dagen innan. I verkligheten hade hon överraskat honom i säng med två kvinnor och det hade gjort henne mycket upprörd. Hennes inre röst hade bett henne att ta tag i styret av riket innan det gick på samma vis som i deras föregående hemland. Stärkt av den inre röstens stränga maning, vågade Toja förebrå sin make hans lösaktighet och påkalla hans uppmärksamhet för nödvändiga åtgärder i riket. Mendor befallde henne genast att knäböja framför tronen. Det gjorde hon av kärlek till sin make och ovetande om hans planer. Innan hon hann be honom om ett svar föll skarprättarens svärd ner på hennes nacke och skilde hennes huvud från kroppen.

Toja, som i likhet med Noak fört en ark i hamn för att rädda en del av jordens arter, offrades för att hon var en kärleksfull och värnlös kvinna. Det var första gången den vite mannen med våld tog bort den rättmätige ägaren från sin lott - den första gången av många, många.

Tojas barn hade varit tysta, skräckslagna åskådare till vad som inträffat. Jap tog med sig sina syskon och flydde ut i skogarna och sedan upp i bergen, långt bort från faderns skräckvälde. När de stannade vid en klar och frisk fjällbäck för att släcka sin törst, hörde Jap sin mors stämma högt och tydligt säga:

"Gå rakt framåt tills ni ser en liten koja. Gå in där och hälsa artigt på mannen som sitter på jordgolvet. Säg mitt namn och låt honom sedan tala."

Barnen gjorde som modern sagt och de kom mycket riktigt till en märklig koja, byggd framför en stor grotta. Mannen i den solgula kåpan hälsade dem med vänlighet och medkänsla och gav dem rikligt att äta. Han hette Ulon och han var en mycket vis man. Han hade gömt sig undan Mendors utsända män, ty han visste att bättre tider skulle komma. Han älskade sitt folk men klagade på deras svaghet och brist på mod.

Under flera månvarv stannade barnen hos honom och han undervisade Jap i en hemlig kampform. Han gjorde Jap till krigare, men inte vilken krigare som helst utan till Rättfärdighetens krigare. När Jap var färdiglärd sände Ulon honom tillbaka till fadern. Mendor var inte beredd på sonens uppdykande och han ropade genast på vakterna. Jap bara stod där och såg på sin ömklige far. Mendors huvud började nicka och han såg ut som om han somnade, men han hade ett ohyggligt uttryck i ansiktet. Till slut föll han raklång ner på golvet. Han var död. Hans onda kraft hade ej kunnat motstå Japs goda.

Åskådarna till detta spektakel utropade genast Jap till faderns efterträdare. Invånarna i riket var vana att lyda någon, annars blev det kaos. Men Jap blev en god ledare för sitt folk. Han tog till sig sina syskon och Ulon och tillsammans regerade denna fyrklöver över riket tills det blev en förebild för andra länder. Och man kan säga att det indirekt var Toja som åstadkom detta lyckliga slut och att hennes mission trots allt gick i uppfyllelse.

Så berättade man historien för mig och jag tycker att den är mycket roligare än Noaks ark. Så jag sjunger hellre "Gumman Toja, gumman Toja var en hedersfru". Men legenden visar att motsättningarna mellan den röda och den vita rasen började långt tidigare än vi anat. Samtidigt får vi inte glömma att Tojas barn var en blandning av vitt och rött och att den blandningen gav ett fredligt och kärleksfullt resultat.

5. De Nio Gamle på Sirius

Utan att jag då visste det hade De Nio Gamle stort inflytande över mina kommande öden. De tillhör de äldsta vishetslärarna och de fanns från början på Zio. De Nio Gamle består både av manliga och kvinnliga lärare och numera residerar de på Centralsolen på Sirius, varifrån de då och då gör utflykter till de planeter där de behövs. Deras namn är inte kända på jorden, därför att de skulle genast begagnas på fel sätt av de maktlystna profitjägarna. De Nio Gamle lyder bara under *en* "högre instans" och det är Den Store Oändlige Anden.

Efter den invigning jag inte klarade av vandrade jag länge ensam och sorgsen. Efter övergången när apmannen mördat mig, slungades jag direkt iväg för att födas av en jordekvinna. Många tester och prövningar måste jag igenom, eftersom De Nio Gamle följde mina öden till den dag då jag skulle kunna återvända till mina bröder och systrar i den eteriska världen. Men vägen dit var lång. Inte förrän nu har jag kommit fram.

I ett av mina jordeliv förunnades jag det tvivelaktiga nöjet att födas som son till en härskare. I det livet mötte jag rent fysiskt en av De Nio Gamle, en märklig kvinna. Vi kan kalla henne Helia, eftersom hon kom som en sol i en mörk värld. Hon var den som indianerna kallar Spindelkvinnan och som enligt deras tro är modern som väver livets väv. Helia hade till uppgift att skapa ljus och glädje på jorden. Redan då använde människan sin fria vilja till att betvinga grannens vilja. Men Helia sände ut kärlek och sann skaparkraft, eftersom De Nio Gamle hade beslutat att göra ett nytt försök med jordens invånare. Helia lyckades bra med sin uppgift. Aldrig har det åstadkommits så granna byggnader, aldrig har människorna levat så gott, varit så starka och vackra som när hon höll sin hand över dem. Hon sände ut ljustrupper överallt och jag var en av hennes trofasta anförare. Jag minns hennes vrede och sorg när vi misslyckades med att skapa varaktigt ljus på någon plats. Jag minns när jag och de andra ljusbärarna satt i en ring tillsammans med henne och gjorde upp planer. Hon var oerhört vacker, men hennes skönhet var inte upphetsande. Den var som en stilla skogssjö att svalka sig i, samtidigt som hennes utstrålning gav kraft åt alla i hennes närhet.

Hennes kunskap och insikt var en outtömlig ström och vi var vågor i den strömmen.

Men maktens jägare kom tillbaka till jorden. Ljusets trupper tillintetgjordes för att ge plats åt en helt annan sorts krigare. Till slut insåg Helia att hon inte kunde göra mer för sin älskade jord. Avgudarna fanns både i och utanför människorna och hon förmådde till slut inte kämpa emot dem mera. Själv blev jag tvungen att överta min faders tron efter hans död och min uppgift blev att regera i enlighet med Helias önskemål. Det varade inte längre än till min död. Vid tiden för Lemuriens och Atlantis undergång och det Egyptiska rikets begynnande blomstring, var det slut på friden i den grönskande mark vi vårdat så länge tillsammans med Helia. Varken Den Store Anden eller De Nio Gamle kunde ingripa i sitt sändebuds arbete. Det fanns gudar på andra platser i galaxen som sände komplicerade energier till jorden för att få människor att underkasta sig deras vilja, t.ex. Godonda. Hade människorna förstått bättre så hade världen sett annorlunda ut i dag. Det fanns ett vapen som de svaga inte kunde stå emot: rädslan. Med hjälp av den blev och blir fortfarande folken villiga redskap till Makten. Inte minst prästerskapet bidrog till detta redan innan de kallades präster.

De gamla gudarna hör till historien - tror folk. Jag minns från mitt sista liv att vi på fester i författargängen höjde våra glas och ropade: "Än leva de gamla gudarna! Skål!" Vi anade inte hur rätt vi hade, vi var heller inte nyktra nog att tänka i sådana banor. Men jag återkommer till gudarna lite senare. De är av intresse eftersom de fortfarande existerar och dessutom påverkar de människorna så att de blir lydiga leksakssoldater.

Reptilfolket

Utan att jag har förstått det har De Nio Gamle styrt mina liv under tusentals år. När jag fick se tillbaka på liven och på det som hänt mellan dem tyckte jag att det var ganska rörigt. Men jag hade fel för här finns en otrolig ordning och mening bakom allt. "Resorna" här på Änglaskolan, när jag trängde in i min forna utveckling, skedde i mindre portioner eftersom de var ganska påkostande även för ett andeväsen. Jag fick träda in i mitt eget Jag under många tidsperioder och återuppleva en del svåra karmiska saker. Mellan mina jordiska inkarnationer kom jag många gånger ut på galaktiska resor som lärde mig mycket. Jag finner det märkligt att det dröjde ända till sista livet innan jag förstod sammanhanget mellan kropp-själ-ande. Min sista "död" förde mig in i det stora kosmiska systemet där jag finns nu. Jag har mött många av min egen kaliber här, inte på Änglaskolan men i Ljuspalatset inte långt därifrån.

Man kan kalla Ljuspalatset för ett slags magnifikt hotell med gäster från hela världen. Gästerna har mycket skiftande bakgrund, men de har alla ett gemensamt: de är ljusarbetare. De är änglar som gärna beger sig till jorden eller till någon annan planet för att hjälpa till där de behövs. Man kan kalla dem osynliga aktivister.

Jag vill gärna berätta om ett äventyr jag hade mellan Janne-livet och det föregående. Efter att ha levat som storskojare vid spelbordet, där en välriktad kula gjorde slut på eländet, kom jag till det sedvanliga dimfältet, där jag hämtades av en vacker änglaflicka. Jag begrep mycket klart vilka synder jag begått, och eftersom min tankeverksamhet ännu var begränsad tog jag för givet att jag skulle skickas iväg till något otrevligt ställe. Men änglatösen smålog och berättade att jag skulle sändas ut på ett viktigt uppdrag.

"Förekommer det kortspel där?" frågade jag intresserat. Men hon förde sin lilla hand fram och tillbaka framför mina ögon tills jag fullkomligt hade glömt vilken kanalje jag hade varit. Jag såg ner på min kropp och upptäckte att jag var klädd i en vit, glittrande dräkt. Ängeln tog mig med genom ett stort skimrande ljus och för ett ögonblick genomfors jag av bävan. Vem var jag? Vart fördes jag?

Jag slöt ögonen en kort stund och när jag öppnade dem befann jag mig i en vacker trädgård. Det konstiga var att jag kände igen mig! Ett annat slags minne än det jordiska började vakna i mig. Här hade jag varit många gånger: i Ljuspalatset på det eteriska planet. Jag sjönk ner på en soffa och njöt av skönheten i landskapet. Från den plats där jag satt såg man ut över ett underbart panorama: närmast var det ett hav av blommor, borta vid horisonten fanns ett riktigt hav. Vita och röda klippor skymtade i fjärran och ljuvligt gröna skogar.

"Välkommen tillbaka, Horace!" sa en vänlig mansstämma. En lång man satte sig bredvid mig. Han bar en ljusgul, guldstickad mantel. Han var i fyrtioårsåldern, med vackra mörkblå ögon och silvervitt hår. "Jag har tydligen hetat Horace", tänkte jag utan att minnas ett dugg från mitt förra liv.

"Vi har valt dig för att utföra ett viktigt uppdrag åt oss," fortsatte mannen.

"Varför just jag?" frågade jag förvånad. Visst kände jag mig smickrad, men något sade mig att jag inte var värd så mycket uppmärksamhet.

"Tro inte att du har varit någon märkvärdig person i ditt sista liv," log han. "Tvärtom. Du var en skojare och våghals och det är våghalsen vi behöver! Men innanför skalet fanns hela tiden en mycket godhjärtad person. Du tog dig an en stackars kvinna som hade hamnat på gatan om du inte hade hjälpt henne. Hon hade en liten son som kallades för "ett oäkta barn". Men du hävdade alltid att "det finns inga oäkta barn, alla barn är äkta små ädelstenar i den store Juvelerarens smedja". Du gifte dig med kvinnan och fick ytterligare en son och en dotter. Ditt sätt att försörja dem på var vanskligt och ohederligt, men kärleken till din familj var djup och varm. När du hade pengar hjälpte du alla som bad dig. När du inte hade några gav du i stället ett gott ord och ett leende. Därför har vi utsett dig till att utföra ett uppdrag på en annan planet."

"Finns det fler bebodda planeter än jorden?" frågade jag förundrad.

"O ja, det finns många! Men denna planet är belägen i vår galax och bebodd av det s.k. reptilfolket. De har börjat rekognoscera jorden för att i framtiden kunna erövra den. Det är absolut inte vår önskan att så sker. Därför behöver vi dig."

Jag blev förfärad. Ett sådant uppdrag kunde jag visst inte utföra. Det vore bättre att sända en avkolad diplomat, tänkte jag och sade det. Mannen skrattade.

"Du är utvald till detta uppdrag," insisterade han. "Men först måste du lära dig en hel del!"

Jag placerades i Änglaskolan. Eftersom minnet av den karaktärslöse men snälle token jag varit inte längre fanns kvar i mig, kunde jag övertyga mig själv om att lärdomarna var lätta och roliga. Jag skulle inte resa ensam, jag arbetade tillsammans med en grupp på ett femtiotal personer. Garantin för ett lyckat uppdrag låg förankrat i mina händer. Jag hade utvecklats i både inre och yttre styrka och lärt mig olika former av beskydd när det var dags att fara iväg. På darrande ben steg jag upp i flygskeppet som skulle föra oss till den främmande planeten.

När vi landade stod en grupp reptilmänniskor och väntade på oss. Jag var förberedd på deras utseende, vi hade sett bilder i skolan, men ändå var verkligheten skrämmande. Jag såg att mina medresenärer reagerade på samma sätt, men nu gällde det att inte visa någon rädsla. Jag gick fram till reptilmannen i täten. Om man tänker sig en krokodil stå upprätt så var det på ett ungefär hans längd. Skinnet var gulgrönskimrande och läderaktigt. Huvudet var nästan mänskligt men allt utom vackert. Ögonen var sneda och långsmala, gulgröna med tunga, utstående, fjälliga ögonlock som liknade markiser. Munnen var bred med tjocka läppar, näsan kort och bred med stora uppstående näsborrar. Ingen av dem hade hår, men en del skallar var mänskligt rundade, andra hade långsmala huvuden som de gamla egypterna.

"Var hälsade i Kärlekens och Ljusets namn!" sa jag som jag blivit lärd.

"Välkomna i Dendras namn!" kom svaret raskt och metalliskt i klangen. Jag visste att Dendra var den gud detta märkliga folk tillbad.

"Jag heter Rok och jag ska föra er till palatset," tillade han. "Vår härskare, Murq, vill se dig omedelbart och du ska vara ensam."

"Men jag har med mig en grupp representanter från olika världar på vår frekvens," invände jag.

"Om du inte vill väcka härskarens vrede kommer du ensam," blev svaret. "Dina vänner blir omhändertagna på bästa sätt om de inte visar fientlig uppsyn!"

Roks min var bister och jag kände luften vibrera av hot. Reptilfolket slöt sig närmare och slog en ring omkring hela mitt sällskap. Snabbt förklarade jag för gruppen att de måste vänta på mig, och så följde jag den storvuxne reptilmannen över en bro som ledde över en älv som såg ganska jordisk ut. Vattnets färg var lite annorlunda. Det var genomskinligt men hade en stark blågrön färg som säkert var ett bra kamouflage för reptilmänniskorna. Rok vände sig om och smålog mot mig.

"Vi vistas mycket i vattnet," upplyste han mig. "Det är bra att vara så osynlig som möjligt om fienden är nära."

Jag frågade vem som var fienden men fick inget svar. Roks breda fjälliga rygg kändes nästan som en trygghet i det egendomliga klipplandskapet. Det fanns gräsplättar här och var men nästan ingen annan vegetation. Tjocka tistelliknande blad täckte marken på en del ställen och Rok bröt av några och åt dem med synbar förtjusning. Han tecknade åt mig att smaka och det gjorde jag. Bladet smakade faktiskt gott: det innehöll en vätska som påminde om honung.

Palatset var beläget i en klippa och framför det fanns en öppen plats. Jag medgav motvilligt för mig själv att framsidan på palatset var utsökt vacker. Den var uthuggen ur det rödaktiga berget och i mitten fanns en jätteportal med guld- och ädelstensinläggningar. Omkring den var mycket vackra reliefer utskurna. Även fönstren på båda sidor om porten hade reliefer som antagligen skildrade reptilfolkets historia. Jag hade velat stanna där och studera dessa konstverk lite närmare men Rok vinkade otåligt på mig.

Jag skulle äntligen få träffa denne Murq; ett möte som jag förberetts för under lång tid. Vi gick in genom flera vackra dörrar och såg reptilmänniskor skynda omkring med olika föremål i sina klolika händer. Det var mycket högt i tak, men den sista dörren var låg och av enkelt trä. Rok öppnade den och puttade in mig. Jag stod framför Murq, reptilhärskaren. Många var de historier jag hört berättas om honom och hans mäktiga planet. Många var de kosmiska krig han framgångsrikt hade utkämpat.

"Välkommen!" hörde jag honom säga, medan min hjärna inregistrerade denna både vanliga och ovanliga omgivning. Han satt vid ett skulpterat bord där en måltid var framdukad. Att reptilansikten kunde vara så olika! Denna varelse hade faktiskt något kungligt över sig och hans uttryck var i det närmaste jovialiskt. Han tecknade åt mig att sätta mig mitt emot honom.

"Du kommer från jorden?" frågade han. "Det är intressant för oss. Vi har inte ofta haft besök av jordemänniskor."

"Hm, ja, så jordisk är jag förstås inte längre," mumlade jag. "Mitt uppdrag är att be er att inte invadera jorden. Människorna måste få utvecklas i sin egen takt och eftersom de har fått den fria viljan som ni, så måste de också lära sig att använda den rätt. Det kan de inte om de tvingas lyda under er. Hot skapar fruktan och fruktan löser inga problem utan får dem bara att växa. Det är väl inte en problemjord ni vill ha, med fångna människor som hatar och bespottar er?"

"Du är ett klokt sändebud," svarade Murq och log. "Då vill jag berätta för dig att vi länge iakttagit jorden och sett att det är en döende planet. Det är snarare en räddningsaktion vi har planerat."

"Jorden är visst inte döende," protesterade jag. "Hon är fortfarande vacker och rik på naturtillgångar. Det är hennes invånare som har förändrats."

"Jag vet, jag vet," avbröt härskaren otåligt. "Människorna har lyckats med att på relativt kort tid förstöra jorden ända långt in i berggrunden, på samma sätt som de har förstört sig själva och varandra med den fria viljan. Och värre blir det i framtiden. Hade de haft en stark ledare och bestämda lagar att leva efter så hade denna förstörelse aldrig skett."

"Ingenting blir bättre av att ni tar över styret," invände jag harmset. "Dessutom skulle ni skrämma folk med ert utseende, som skiljer sig så mycket från vad vi är vana vid."

"De fick väl vänja sig! Vi är inte onda, unge man. Vi tänker inte döda er och äta upp er," skrattade han, men hans ögon gnistrade på ett egendomligt sätt. "Vi önskar bara lära er att leva i fred med varandra och att respektera överheten. Vi är ett fredsälskande folk även om vi ibland varit inblandade i stridigheter som kommit från andra håll i kosmos. Vi är dessutom ett kreativt folk. Du har väl sett vad vi kan åstadkomma rent konstnärligt? Vi kan lära er att utveckla fantastiska anlag inom många grenar av konsten."

"Vi har redan mycket fin konst på jorden," svarade jag, "och Den Store Anden ber dig att avstå från projektet. Om inte världen inom loppet av ett par hundra år räknat från nu har återhämtat sig och människorna förändrats på ett positivt sätt, så vill Den Store Anden diskutera detta med dig igen. Han vet att ni har en högt utvecklad konst och kultur, men att hela er planet är så bergig att det är svårt för er att utvecklas mera utan att spränga bort halva planeten. Han föreslår att ni ska börja utvecklas mer inifrån i stället. Han är redo att sända hit lärare."

"Tack, det behöver vi inte," blev det kyliga svaret. "Vi är inte underställda Den Store Andens lagar, men vi försöker lyssna till dem om de är förnuftiga och om Dendra ger dem sitt erkännande. Vi måste beakta vår Gudoms önskemål. I detta fall har han givit oss ett ultimatum. Det finns saker vi vill ta reda på om människorna och det tänker vi göra. Eftersom din delegation består av människor som utvecklats på en högre nivå i Den Store Andens världar så har Dendra ett förslag att komma med. Om vi får behålla din delegation här så lovar vi att inte invadera jorden nu. Du får resa tillbaka med detta budskap. Intet ont ska vederfaras dina vänner, men vi behöver dem. Detta är oåterkalleligt. Jag, Murq, reptilplanetens härskare har talat!"

Dörren bakom mig öppnades. Jag bugade mig lätt för härskaren som återgått till sin måltid. Det gick inte att resonera mer om detta och nu hade jag den obehagliga uppgiften att så milt som möjligt framställa Murqs förslag till min delegation.

Tystnaden var talande när jag gjort det. Mina medresenärer var bekvämt placerade i en salong i palatset. De hade fått förfriskningar som såg aptitliga ut, men högresta väktare stod i givakt vid dörrarna.

Det fanns ingen chans att fly. Efter en liten stund reste sig en av mina medresenärer, som jag hela tiden tyckt såg trevlig och öppen ut.

"Anmäler sig några frivilliga?" frågade han. "Vi har alla förmågan att förr eller senare återvända till Den Store Andens världar. En hel jord, där vi levt och älskat, är i fara att fångas och kanske förändras negativt av reptilerna. Vad är våra eteriska liv mot hela jordens fysiska befolkning? Vi är ju redan döda, vi kan inte dö igen! Om vi delar med oss av våra kunskaper till det här folket så kanske de släpper oss efter en tid. Då har vi hjälpt Moder Jord samtidigt som vi har delat med oss av den gamla visdomen till reptilerna."

Det var en sann riddersman som talade. Jag omfamnade honom och frågade sedan om alla de andra var beredda att stanna. Först var det alldeles tyst. Efter en stund höjdes en hand i taget. Tårarna rann utefter mina kinder när Rok förde mig tillbaka till den väntande farkosten.

"I Dendras namn," viskade han i mitt öra, "så ska jag se till att intet ont vederfars dina vänner. Jag har god hand med härskaren!"

Det var ett sorgligt glädjebud jag förde med mig till den eteriska världen. Tydligen höll reptilfolket sitt löfte. Än har de ormskinnade människorna inte invaderat Moder Jord. Men än har heller ingen från min delegation kommit tillbaka. Och Horace återvände till jorden för att födas som statarpojken Jan.

6. I Änglaskolan

Jag har fått genomgå prövning efter prövning även efter mitt sista liv, sedan jag upplevde Akashakrönikan och bestämde mig för att stanna i den eteriska världen. Målet jag har satt framför mig är krävande och vägen dit är lång. Men eftersom tid inte räknas längre så har jag det eviga livet framför mig. Och vi fortsätter med undervisningen i Änglaskolan.

Shala informerade mig om att den första prövningen gällde längtan, dvs. längtan tillbaka till jorden. Om jag kände den så var inte tiden mogen för mig att gå vidare. Längtan är ett så vanligt ord på jorden. Vi längtar ständigt efter att vara någon annan, att erövra hjärtan, att tjäna mycket pengar, att resa till främmande länder, att bli älskade... Vi längtar alltid efter någon eller något. Och på jorden kan längtan vara kreativ. Så har också skalden skrivit: "Längtan heter min arvedel, slottet i saknadens dalar."

Min vackra lärare eskorterade mig till ett rum i Änglaskolan där jag aldrig varit förut. Det var ett runt rum, precis som ett tornrum.

"Det är ett tornrum," log Shala. "Har du inte sett att huset har torn med gyllene tak? Det som vi tycker är så fint!"

Skam till sägandes hade jag kanske tittat mer på Shala än på skolbyggnaden. Som vanligt läste hon mina tankar, gav till ett litet skratt och försvann ut ur rummet med ett skälmskt uttryck i ansiktet. När hon stängde dörren syntes den inte längre, den hade blivit ett med väggen. Det gällde att inte få klaustrofobi!

Jag satte mig i en fåtölj mitt i rummet. Den gick att snurra runt. En behaglig blåaktig belysning fick mig att tänka på en blå kupol. Plötsligt började det dofta vår och en lätt vind for genom rummet. De förut så släta väggarna visade ett underbart panorama. Jag snurrade runt och överallt fanns blåsippsgläntor och vitsippsbackar på mossig mark med barr och kottar. Träden susade fullt hörbart: barrträd och björkar, al och rönn, alla sorter som hör till en rejäl svensk blandskog. Jag hörde porlandet av en bäck som mycket riktigt rann fram i en djup fåra intill en gammal kullrig, igenvuxen landsväg. Rotvältor stack upp sina djurliknande spretiga former ur mossan och lekte med vandrarens fantasi. Jag kände denna underbara doft av vår, av fuktig mylla, av växande natur. Jag såg björnen titta fram ur idet och räven springa ur grytet med en svans av ungar tätt efter sig. Fåglarna matade pipande ungar och vråken slog sig ner i en tallkrona. Med högburen krona skred älgen majestätiskt fram därborta mellan stammarna, medan rådjurets vita bakdel flimrade förbi ett törnrossnår.

Jag levde våren, andades våren från min snurrstol. Just när längtan efter en svensk vårmorgon i skogen gripit tag om mitt hjärta ändrades scenen sakta, sakta. Fascinerad följde jag hur gullviva och gökärt, smörblomma, mandelblom och klöver, prästkrage och förgätmigej knoppades och slog ut i spädgröna grästuvor på försommarängen. Jag upplevde de dofter som följer med midsommaren, med högsommaren och slåttern, med blomster, ogräs, sol och regn. Jag fanns mitt i alltsammans och jag njöt och längtade! När sommaren runt omkring mig vissnade och löven färgades i guld och rött kände jag hur pulsen slog allt fortare. Jag har alltid älskat den tidiga hösten med klar luft och mycket sol, glitterfördelad i det fuktiga gyllenröda. Aldrig kan man skåda skiftningarna i ett knallrött lönnblad så fint tecknade och vackert ådrade som en solig höstdag.

Min njutning stördes av ett stilla snöfall. Stora flingor föll över allt det röda och täckte marken i skimrande vita drivor. En spark stod lutad mot en husknut och ett par skidor var färdiga att brukas, med stavarna nerstuckna i mjuksnön.

Jag följde med i årstiderna och njöt hela tiden: jag längtade efter allt jag såg! Men när snölandskapet suddades ut och de blå väggarna i tornrummet omslöt mig som en himlakappa, kom tanken att jordens skönhet även fanns där jag nu dvaldes. Jag befann mig i skönhetens boningar, i ursprunget till den syster som kallades jorden.

Då kom det helt andra bilder på väggkupan. De flämtade en minnessång som kändes bitterljuv. Det var goda, vackra stunder ur mitt sista liv. Det var mitt minnes smultronställen. Fanns de kvar i saknadens dalar?

Det var vad Shala frågade mig när hon kom in i tornrummet. Jag vet inte hur länge jag suttit där och snurrat stolen runt runt för att inte gå miste om något av det som spelades upp. Jag hade förnummit alla dofter, till och med av nykokt kaffe och nybakat bröd. Jag hade hört ord som viskades och sett mig och de mina, nära och kära, och hört deras glada, vänliga röster. Inga mörka minnen fanns med, kanske för att ge mig illusionen av ett ständigt glädjefyllt liv. Jag hade läst dikter med mina vänner och kollegor, jag hade besökt de platser jag älskade. Längtans taggar borde ha rivit sönder mitt hjärta, men jag såg lugnt på Shala och svarade:

"Om det här var ett trick för att locka mig att inkarnera på jorden igen, så har det misslyckats! Jag erkänner att jag njöt, att jag älskade varje sekund av bild och doft och samspråk med vänner. Jag tänkte hela tiden på hur vacker jorden är och hur ren naturen framstod. Men ni visade bara det sköna. Det var en önskedröm jag såg, ett hopplock av scener ur mitt liv som visserligen är sanna, men ändå försvinnande små i jämförelse med allt det andra, det negativa. Nej tack! Jag avstår från att leva på jorden igen hur vackert där än är. Det går inte att leva därnere utan att det negativa och kanske även det onda fastnar i livsväven. Här och nu är *livet*! Jorden är den svåraste prövningen av alla."

Shala nickade eftertänksamt.

"Som ovan - så ock nedan" säger ni människor. "Där har ni rätt bara ur er egen enkla aspekt. Den beständiga skönheten, kärleken och godheten finns här. Prövningen går in i dig och skapar antingen förtvivlan, längtan eller oro. Men den kan också vara en slags bekräftelse, som i ditt fall. Du har bestått provet väl, käre Jan!"

Den duala flamman

I Änglaskolan fortsatte min undervisning efter prövningarna. Det kändes som om jag kommit ur första stadiet och blivit godkänd, så att jag kunde fortsätta på mellanstadiet. Högstadiet var ännu bara en dröm, en längtan, en vision. Men Zar och Shala hjälptes åt med att få mig att förstå. Zar undervisade och berättade, Shala förklarade och förtydligade det som var svårt att fatta. Ibland var jag ensam elev, ibland var vi flera stycken. Många gånger tyckte jag mig känna igen flera av de andra eleverna, men jag kom aldrig åt att fråga dem. Efter undervisningen hade vi allesammans andra uppgifter. Ibland fick vi se teater eller lyssna till musik, ibland dansade vi och ofta sjöng vi. Emellanåt studerade vi i det stora observatoriet eller i någon av de tekniska salarna. Det var omväxlande och mycket intressant.

"Vi har talat om gudarna som finns i så många olika skepnader i de otaliga religionerna på jorden," sa Zar. "Vi ska snart börja resa runt i världarna här, men innan dess vill jag förklara lite mer om dessa väsen och hur de fått benämningen "gudar". Du har läst om dogonerna, ett folk i Afrika, eller hur Jan? För många tusen år sedan landade sirianer där för att reparera sitt rymdskepp. De stannade en tid hos dogonerna och lärde stammen en hel del. De fick titeln "gudar" eftersom de damp ner från rymden och försvann samma väg. Ännu i jordens nuvarande tid finns legenden om gudarna från Sirius kvar hos dogonerna. Det är *ett* exempel av en oändlig mängd liknande. Besökare från rymden, från andra planeter, galaxer och universa var mycket vanligare för cirka 5000 år sedan och därför har legender om dem levat kvar på folkens läppar och broderats ut och blivit ett med deras drömmar och önskningar. Den hjälp dessa gudaväsen gav till sina bröder och systrar på jorden kallades "mirakel"."

"För att tillmötesgå olika önskningar och böner om hjälp tilldelade man "gudarna" olika egenskaper. Det blev enklare så. Och de fick representera människornas egna egenskaper, goda och dåliga. De delades upp i t.ex. kärlekens gud, rikedomens, välståndets, krigets, hälsans, solens och månens gudar. De fick tusentals namn. Dessa "gudar" lever i högönskelig välmåga på respektive kosmiska hemplaneter. När budskapen och tankeformerna från folken som dyrkar dem når dem, kan de sända vibrationer eller energier som tas upp av de bedjande och som ibland kan åstadkomma "mirakel". Dessvärre kan sådana kontakter mellan människa och "gud" leda till lika mycket ont som gott."

Jag frågade om Centralsolen. Finns det flera Centralsolar? Svaret blev ja. "Varje galax har sin egen Centralsol," berättade Zar, "oberoende av hur många andra solar och månar det finns runt omkring den. En Centralsol är inte vad vi menar med en sol, eftersom den inte är fysisk. Man kan inte titta på den med kikare. Den är snarare en strålning av samlad kraft, som utgör den sanna kraftkällan för hela galaxens planeter och stjärnor. Rätt tillvaratagen är den kraften en oerhörd energi och som energi begagnar vi den för olika ändamål, till exempel till att driva våra farkoster eftersom den innehåller dynamisk rörelseenergi. Denna oerhörda kraftkälla inryms på en fysisk planet eller stjärna i galaxen. I vårt fall är Centralsolen placerad på Sirius."

"Har dualerna något att göra med Centralsolen? Finns de där?" frågade jag.

"Nej min vän, det har du fått om bakfoten!" log Zar. "Varje människa har sin dual av motsatt kön och de tvenne förenas här, antingen i den astrala eller den eteriska världen. Men det kan ta tid. På jorden har ni på det löjligaste sätt blandat ihop alla dessa begrepp: dualer, tvillingsjälar, tvillingflammor mm. Vartannat fruntimmer går omkring och hoppas att hon ska möta sin tvillingsjäl. Många sierskor berättar skamlöst om tvillingsjälar som ska dyka upp i klientens liv. Det gör att denna sätter etiketten "tvillingsjäl" på fel partner. Det gör i sin tur att båda parter ställer svåra krav på varandra. Det blir inte lätt för någondera att leva upp till att vara "drömprinsen" respektive "-prinsessan"."

"Visst har du en dual! Visst förenas du med den. Visst kan du finna en själspartner i ditt jordeliv, men det har inte det minsta med din dual att göra. Visst älskar du även på denna sida av bron mellan då och nu. Men den kärleken är så stor, så allomfattande och så ren att du bara blir en liten del av den. Det är så vi älskar varandra här. Det går inte att likna vid jordisk kärlek."

"Jag har inte mött min dual ännu," sa jag. "Hon är kvar på jorden och jag väntar troget. Egentligen är det väl meningen att det manliga och det kvinnliga ska vara i balans hos varje människa? Hos mig har det manliga alltid vägt över. Men jag har haft min musa som varit det viktigaste av allt under hela mitt Janneliv. Jag har suttit i timmar och pratat med henne och så har mina böcker blivit till. Många gånger har jag lämnat allt praktiskt jag haft för händer och de krav familjen eller vännerna ställt på mig bara för att få vara tillsammans med henne, min inspiration. Hon fanns alltid i mitt huvud och hon var säkert den värsta rival en hustru kunde ha, för hon var med mig i sängen och under alla intima ögonblick i mitt liv. Hon följde mig på morgonpromenaden och satt hos oss vid kvällsstunden med familjen. Jag ser min musa som en ängel, en gudomlig uppenbarelse, en klingande cymbal, en sjungande jubelfanfar. Men ibland var hon en sorgens och lidandets förespråkare. Hon var min spegel, mitt lättsinne, mitt tungsinne, mitt allt! Och jag har inte mist henne, för döden kunde inte skilja oss åt. Hon bor kvar i de glesa vävnader som mitt huvud nu består av."

"Men hon är inte din dual, min vän, hon är ditt genius," invände Zar. "Dualflamman är din motsats. Tillsammans utgör ni den negativa och den positiva polen som gör att lampan brinner. Ni är kärlekens tvenne ansikten: den som går ner till jorden känner bara jordisk kärlek medan den som stannar här bär allkärleken inom sig. Är det svårt att förstå? Längtan finns dock hos båda, längtan efter varandra, känslan av att vara ofullständig. Den kan bara tillfredsställas i någon av världarna på andra sidan om porten. Dualer som har återförenats här - vilket ständigt sker - kan om de vill gå vidare tillsammans. De får välja, men inte utan rådgivare."

"Gå vidare?" undrade jag.

"Ja, jag menar vidare i utvecklingen. Men de kan också resa tillsammans. Det beror på deras egna önskningar och vår rådgivning. Men allt som händer här kan jag inte avslöja. Några hemligheter måste finnas kvar för själen att upptäcka."

"Du talar så mycket om den fria viljan. Kan du förklara den lite närmare?" frågade jag. "Dualerna kan om de vill...", säger du. "Behåller man alltså sin fria vilja i full utsträckning när man gått över gränsen? Den fria viljan lär ha skänkts åt jordens invånare som ett prov, en test på hur de klarade den. Den lär inte finnas någon annanstans i vår galax. Men när jag nu återfått mitt globala minne vet jag att vi hade vår fria vilja på Zio. Har den följt oss? Vad ska man förresten med fri vilja till när man lever i jordisk fångenskap? Själen är fången i kroppens många gånger obehagliga hölje och den fria viljan är ofta ofri. De fria viljorna korsar varandra som blänkande omutliga klingor från födseln till graven. Det är inte längre frågan om att ha en fri vilja, nu gäller det vem som har den starkaste viljan, som kan få makt över alla de stackars viljelösa kräken som kravlar i livets gyttja. Har jag rätt?"

"Jordens barn fick i alla fall chansen till fri vilja," invände Zar. "Vad ni sedan gjorde av den är vars och ens ensak. Se inte så negativt på det, Jan. Men det finns ännu en förklaring. Efter Lucifers fall blev Det Kosmiska Rådet, där De Nio Gamle ingår, bekymrade över vad han skulle kunna ställa till med. Det hade aldrig varit frågan om att begränsa den fria viljan någonstans i galaxen och så blev det inte heller. På vissa planeter finns härskare som underkuvar, och Lucifer var ute efter makt. Allra mest vill hans mörka skapelser slå och kuva. Vilja ställs mot vilja i hela galaxen, ja, i hela vårt universum. Det är inte bara ett globalt problem, det är universellt. Och finns det egentligen någons vilja som är "fri"? Det har blivit ett talesätt, ingenting annat.

"Den Store Anden gav varje energifrö en individuell själ som inte var underställd någonting annat än Kärlekens och Sanningens lagar. Hur dess själar sedan förvaltat sin medfödda gåva är upp till dem. Du blandar dessutom ihop den lagbundna Ordningen med den "fria" viljan. Det finns ett kosmiskt Ursprung som vi alla härstammar ifrån. Ursprunget betvingar inte, det leder varje enskild själ genom dess eget inre Jag. Rör inte ihop inre och yttre vilja! Den inre viljan hör samman med Ursprunget och agerar bara i samklang med den kosmiska ordningen. Det finns många villoläror på jorden och bland dem anser jag att den s.k. "fria viljan" hör till de värsta. Det är den yttre viljan som går att manipulera.

"Om du tänker till ordentligt så vet du nog att på jorden gäller den starkes lag och den starke har även erövrat den fria viljan. Den som sätter sig upp mot makthavarna kommer ingen vart med sin fria vilja. Han blir nersmutsad och till sist slaktad. Okunnighetens mörker härskar på er "upplysta" jord och den starke gör sig granna profiter på det. Moder Jord har sin fria vilja som alla andra planeter, men för att kunna utöva den måste man ha kraft, kärlekskraft. Hennes kraft räcker inte till längre. Den omvandlas snart till vrede.

"Käre Jan, nu föreslår jag att vi vandrar vidare i världarna."

7. Ingenmansvärlden

Det är bara en bråkdel av de lärdomar jag inhämtat här som jag kan förmedla till mina läsare. Det skulle kunna bli många hyllmeter av böcker med Ursprungets visdom, men tiden är inte mogen för detta ännu. Man kunde också undra varför jag, som i ett föregående liv var en ansvarslös slarver och i det senaste en fattig statarpojke, som delvis levt ett ganska mörkt och hårt liv, har fått utvecklas på det sätt som skett här. Kanske några av er ställer den frågan utan att veta vad som ligger bakom. Det visste jag inte ens själv när jag undrade varför jag fick nåden att undervisas av de höga andarna i den eteriska världen. Jag ansåg mig inte vara värd det när jag hade sett min Akashakrönika. Då svarade Zar:

"Vi dömer inte efter detaljerna i dina liv. Vi ser till helheten av den individ du utgör från Begynnelsen till nu. Vi ser till den genomströmmande kärleken, till törsten efter sanning och visdom, till renheten i uppsåt. Vi accepterar dina misslyckanden, din vrede och din sorg som skuggor av ditt Högre Jag. Skuggorna måste också finnas. Utan dem går det inte att till fullo uppskatta ljuset. Du har genomgående i alla dina inkarnationer haft en sökares motiv till dina gärningar. Du har alltid vetat att ditt undermedvetna gömt på hemligheter som haft med ljuset och kärleken att göra.

"Även när du var krigare, när du var slarver, när du var hätsk mot din omgivning, när du trodde att du styrdes av negativa krafter, lyste den första människan från Zio igenom. Du genomlevde ett fall liknande Lucifers. Lucifer arbetar återigen med sina bröder - detsamma gäller dig. Ditt fall orsakades av din kropps ofullkomlighet, av den svaghet som vidlåder så många av dina bröder och systrar: begäret. Tidvis har dock din gamla kärlekskraft visat sig i dina gärningar, medvetet eller omedvetet. Ditt undermedvetna har alltid refererat till Källan, även om du inte lyssnat. Varje gång du kommit över gränsen har du varit med oss, samarbetat med oss, mestadels från den astrala världen. Inte förrän nu har du börjat din utbildning i den eteriska världen. Nu är du mogen för det.

"Så mitt besök t.ex. hos reptilfolket startades från den astrala världen då?" frågade jag. Nu svarade Shala:

"Javisst. Du har utfört många uppgifter i den astrala världens olika riken, men vi har hela tiden stått bakom dig och hjälpt dig även om du har varit omedveten om det."

Detta var något att begrunda, samtidigt som det öppnade en dörr för mig - nej flera dörrar! En av dem är den Kosmiska kartan över livet efter livet (se bilden i början på boken). Det är dags att guida läsaren runt i den enorma, oändliga spiral som styr vår galax. När man trycker ihop spiralen är det lättare att förstå den, ty då utgör den en karta över alla de världar som finns i det så kallade "livet efter detta". Den är som en vackert slipad ädelsten med ett ofattbart stort antal fasetter. Till ett rike någonstans i världarna på den kartan föds man när man dör. Den födelsen sker till den äkta verkligheten. När man sedan skickas tillbaka till skolan jorden väljer man föräldrar och omgivning baserade på det föregående jordelivets erfarenheter. Jag valde att födas som statarpojken Janne. Jag gör inte om det! Det behöver jag inte heller. Maskrosornas tid är förbi även om den varit lärorik. De lätta fjunen virvlar omkring i luften för att sedan användas till mjuka fågelbäddar eller bara som näring i myllan. Kretsloppet är färdigt för min del. Nu gäller inte "tillbaka" - nu gäller bara "framåt"!

Jag ber läsaren att följa min långa vandring i världarna. Den kommer inte att berätta allt, därför att varje människas "allt" är inte identiskt. Men ta min hand och gå trygg vid min sida. Du får se nya sanningar öppna sig för dina förvånade ögon. Men kom ihåg att det inte går att bevisa någonting av det jag berättar förrän du själv gått över ljusgränsen! På jorden är det bara bevis som gäller. Ändå är den minivärld ni har skapat på jorden långt ifrån sann. Den är en undanflykt eftersom den har för många "sanningar" som i grunden är lögner. Det blir svårt för ett jordiskt öga att erkänna sanningen på den här frekvensen, men lyssna inåt i stället. Endast där kan du få veta sanningen!

I den yttersta dimman, i den tunna, aromatiska röken och de svaga konturernas övergångsrike hamnar de flesta själar när de just har passerat gränsen. Då behöver alla hjälp. Ingenmansvärlden sträcker sig runt den näst yttersta cirkeln av kartan. (Den yttersta ska jag tala om vid ett senare tillfälle.) Den innehåller mark att trampa på och en mild luft att andas. Många vet inte att de är döda. De söker sina rötter på jorden men irrar förgäves omkring utan att finna dem. Jag kan belysa detta med ett par sanna exempel:

Fem män satt i djup meditation i en stuga i Halland. Plötsligt uppenbarade sig en gammal gumma för den ene av männen. Hon verkade totalt förvirrad och grät förtvivlat. "Var är jag?" frågade hon. "Varför är jag inte hemma? Vad är ni för ena?" Mannen berättade då för henne att hon var död. Hon ville inte tro honom. Gumman berättade att hon hette Anna Albrektsson och att hon bodde i Skåne. Hon hade varit sömmerska men var numera pensionär. Hon trodde att hon hade gått vilse. Hon förklarade att hon hade gått ut tidigt på morgonen och att det hade varit dimma. Hon tänkte hälsa på sin bror som hette Aron. Hon hade mött några människor i dimman, men ingen hade svarat henne eller brytt sig om henne. Hon var lite orolig, för hon hade haft ont i hjärttrakten en tid.

Mannen förklarade varsamt hur hon hade lämnat sin kropp på jorden och att hon befann sig på ett övergångsställe för själen. Då frågade hon hur hon plötsligt kunde se de fem männen så tydligt och prata med en av dem. Hon måste ju vara kvar på jorden - eller kanske männen inte var det heller? Jo, förklarade mannen, de hade fått kontakt med Anna för att kunna hjälpa henne. De pratade en stund om himmel och jord, men Anna vägrade envist att tro att hon var död. Då uppenbarade sig plötsligt hennes mor. Anna blev bestört, hon visste ju att modern var död. När mamman bad Anna att följa henne rådfrågade gumman mannen igen. Efter många om och men följde hon äntligen med sin mor. Alla fem männen förnam ett ljus som drog genom rummet.

Nästa exempel berättar om en man som vaknade mitt i natten och inte kunde somna igen. Han gick ut i köket för att ta en smörgås men stannade häpen i dörren. Köket var fullt av folk som jämrade sig och som verkade förvirrade. De var inte helt fysiska, men han såg och hörde dem tydligt. Han försökte trösta dem och få reda på vilka de var men fick ingen respons. Efter en stund försvann de. Följande dag fick han veta att en bussolycka skett en bit bortåt vägen nära hans hus och att många människor hade omkommit.

Båda dessa exempel inträffade på 1960-talet och berättades för mig av dem som varit med om dem. Säkerligen förekommer dagligen situationer av det slaget. Bron mellan jordelivet och Ingenmansvärlden är tunn och skör. En bråd död kan åstadkomma stor förvirring och psykisk smärta innan omhändertagandet hunnit ske. Silvertråden, som jag kallade hundkopplet, finns kvar och är bunden till jorden även om en brand eller explosion förstört kroppen. Men hjälpen brukar komma mycket snabbt. Änglavakter finns i beredskap överallt i och utanför Ingenmansvärlden.

Det första jag såg efter övergången var, som jag berättade i början, en dimridå full av skepnader. De var skugglika, hade inga klara anletsdrag och de rörde sig oroligt, ryckigt, lite nervöst. Jag kände en aromatisk doft och töcknet var inte obehagligt, bara främmande.

Tunneln som i allmänhet uppträder direkt efter dödsögonblicket leder alltid fram till ett ljus. Ljuset finns där vare sig man snabbt tar sig genom dimman eller blir kvar där. Alla vågar sig inte in i ljuset. Alla ser heller inte änglaväktarna. Tänk er att varje dag kommer tusentals människor in i töcknet. Av dem kanske tio omedelbart ger sig in i ljusskenet. De andra stannar i skuggornas värld tills de förstår att ljuset är till för dem också. Hjälpande änglar finns hela tiden tillstädes. Många individer accepterar inte sin död. Om de t.ex. avlidit på sjukhus tror de att de fortfarande är sjuka och är kvar där. Vi har sjukhus som behandlar sådana människor. Det kan ta tid att få dem att förstå att de gått över gränsen och att de nu är helt återställda från sin sjukdom. Det kan dröja länge innan de förstår sin situation.

Det finns grupper av människor som hör ihop med varandra sedan de kommit hit och som känner igen varandra och blir glada över att återses. Ibland är det närstående som inte kommit vidare utan ständigt söker i dimman utan att veta vad de söker. Hjälpänglarna försöker förklara för dem, men de lyssnar inte. Det kan dröja länge innan en sådan grupp är mogen att fortsätta över "bron".

Med barnen är det annorlunda. Minns ni sagan om flöjtblåsaren från Hameln? Han kom till en by som var hemsökt av råttor. Han drev bort de små odjuren, men byborna visade ingen tacksamhet. Då samlade han alla barnen och försvann med dem. Vi har en glad och skojfrisk musikant här också. Han är en riktig Peter Pan, som tar med sig alla små barnasjälar till astralvärlden mycket snabbt och kärleksfullt. Där får de hjälp och ledning av änglalärare som är utbildade för detta. Barnen är de kloka och lättskötta. Oftast tar de vid där de slutade innan de bestämde sig för att gå ner till jorden. De har nära till naturen och djuren, som man kan se på den Kosmiska kartan. Varje barn har en uppgift att fylla. De hinner aldrig ha tråkigt. Inga barn föds onda till jorden. Alla barn är fulla av kärlek och de har kvar minnet av ljuset de kommer ifrån. Det minnet finns hos dem under olika tidsperioder. Men ondskan går sina egna vägar, den skyr det rena barnasinnet. Den är en yttre påverkan, en dålig energi som kan tränga in i den unga själen om grogrunden är svag och lättpåverkad.

Det finns ljusgrupper som hör samman genom många liv. De går ner till jorden tillsammans, med ett gemensamt mål i sikte. Det är inte alltid säkert att de hittar varandra eller att målet står klart för dem. Ingen för normalt med sig minnet av tidigare liv, men något slags undermedvetet minne finns ändå hos dem alla. Känner ni igen uttrycket: "Har inte vi träffats förr? Jag tycker att jag känner igen dig." Men de har inte träffats och kan alltså inte känna igen varandra från det nuvarande livet.

Det finns grupper som möts för att de har viktiga uppdrag. De brukar ofta känna igen varandra och finna gemenskap. Men det finns andra grupper som inte är positiva, t.ex. narkomaner som kommer till Ingenmansvärlden. En del av dem *vill* inte bli "botade" och när de går tillbaka till jorden upprepas samma helvete som förra gången. Det är tragiskt, men så länge de är fångar i denna fruktansvärda "sjukdom" kan vi ingenting göra. Vi arbetar aldrig med tvång. Människor måste komma in i ljuset av fri vilja.

Jag är inte religiös. Jag var det inte när jag levde på jorden och jag är det inte nu. Ta mina upplevelser från begynnelsen som en sann självbiografi utan broderier. Under mina sista år studerade jag först spiritism men fann att den gav mig en ytlig och oseriös kännedom om vad som händer efter övergången. Sedan kom jag i kontakt med tänkare som Helena Blavatsky och Alice Bailey och kände att jag kommit miltals närmare sanningen. Men inte förrän jag återföddes in i den här tillvaron förstod jag att allt vad jag drömt om bara var en svag återklang av Den Oändliga Kosmiska Andens sanning. Ingen behöver tro mig, för hur skulle någon kunna det som inte har kvar minnet och övertygelsen om livet efter döden?

Jag måste säga några ord om uppfattningen att avlidna nära och kära möter upp vid övergången. Den förekommer i de flesta religiösa läror, men den får ett eget liv i spiritismen. Där etableras kontakten med de döda, beskrivningar av deras utseende och klädsel åstadkommer tårefloder hos de närstående. Det är inte alls bra. Även om det är ett seriöst medium som förmedlar ord och bilder till kära släkten, så slits själarna ganska brutalt ner till jorden via broar och tunnlar, såvida de inte är så högt utvecklade att de kan projicera sig själva. Men det är ovanligt. Jag var fascinerad av detta i början av mina ockulta studier men förstod ganska snart att själarna inte mådde bra av kontakten, eftersom de hade chansen att utvecklas vidare i ljuset. Den chansen fördröjs alltid av sorg och veklagan och ännu mer av försök till framkallande av deras andar.

Om en själ efter ankomsten till Ingenmansvärlden kräver att få möta de sina, bestäms detta från fall till fall. Det är inte säkert att den efterlängtade partnern finns kvar på andra sidan. Personen ifråga kan ha påbörjat en ny inkarnation. En annan vinkling är att nykomlingen tror sig ha kommit direkt till himlen. Det gäller då att övertyga honom/henne om att "himlen" är ett vagt uttryck för en ny sorts tillvaro, där man får lära sig att inhämta de dygder man saknat i jordelivet och bemästra ovanor och feltänkande. Onda, elaka människor får stanna i sin begreppsomgivning tills de lyssnar på vad änglarna försöker förmedla. Om det t.ex. gäller rikedomar som förvärvats på ohederligt sätt eller genom att suga ut de fattiga, får en sådan själ förlora rikedomar och återvinna dem i ett evigt kretslopp tills han/hon tröttnar och vill gå vidare.

Det finns väntstationer i Ingenmansland, där till exempel de som begått självmord får vistas och invänta beslut om sin vidare utveckling. Kanske måste de mycket snabbt tillbaka till jorden för att fullgöra den tid de fråntagit sin kosmiska bestämmelse.

Vi ska inte dröja oss kvar för länge i Ingenmansvärlden. Nu föreslår jag att vi lämnar denna töckenfyllda del av kosmos och går över till Astralvärldens oändliga mängd av riken.

8. Astralvärldens Riken

Astralvärlden är ett nästan outtömligt ämne, både spännande och fylld av härlig mystik. Jag har inte bott där den här gången, men tidigare befann jag mig ofta där. Jag minns så väl när jag besökte Drömriket med Shala och Zar. Jag hade med stor entusiasm skildrat något för dem som är bland det allra finaste jag vet: svensk midsommar med all den fägring som det ordet innebär.

"Föreställ er," brukade jag säga, "när vi reser midsommarstången därhemma: karlarnas pustande och stönande, deras svettlukt blandad med hembränt, glada tillrop blandade med kraftord från åskådarna innan stången står där som en ung brud i all sin lövomkransade skönhet. De granna färgerna i flickornas folkdräkter lyser ikapp med förväntan i deras ögon: Var finns min käresta? Ska jag möta honom på tunet i sommarnattens svalka? Dragspel och fiol sänder ut gnisslande glada toner, ibland sällsamt rena och sorgesamma, ibland glättiga och retfullt flyktiga som svalan på ladugårdstaket. Tisslandet och tasslandet från höladan och framför allt doften av sommar, sommar, sommar..."

Drömmarnas rike

Allt det där hade mina två vänner hört till leda. Förstå då min förvåning när vi kom in i Drömriket och plötsligt stod framför en riktigt äktsvensk midsommarstång, mitt i firandet med musiken, skratten, sången och hejaropen. Jag blev helt vild, som den gamle Janne en gång var och kastade mig in i dansen, slog armarna om första bästa smala midja och dansade runt, runt i besinningslös yra. Min ljuslockiga danspartner hade blåklocksögon och rödklövermun, där honungen dröp för den sötsugne kavaljeren! En levande, varm ung kvinnokropp på sommarängen gav förbjudna löften. Jag tog hennes hand och dansade ut ur ringen, bort mot skogen i fjärran. Med ens måste vi stanna, för en å porlade lekfullt framför våra fötter. På en sten bland vattenvirvlarna satt en skrattande naken man och spelade fiol: Näcken. Flickan gled ur mitt grepp och Näcken skrattade högre och högre och så stod Shala där och tog mig i famn.

Zar stöttade mig, för mina eteriska ben darrade och ville inte bära mig.

"Du ville uppleva svensk midsommar, så det bjöd vi på," log Zar. "Det kan vara en bra inledning till detta chimärernas rike. Tappa bara inte fotfästet här, för det finns dunkla djup att falla i. Vi ska resa i drömmarnas land, där det finns mycket att lära."

"Det här riket bjuder inte bara på det vi skapar själva, som vi gjorde nu," inflikade Shala. "Nu är vi i de astrala utkanterna. De innersta kanterna snuddar vid naturens underbara värld. Vi börjar här i utkanterna, där drömmar och fantasier har sin plats. Här är fjäderlätt att vandra, här sker så mycket skapande, men det är aldrig negativt. Skapandet kan stanna i sin utveckling här om den som skapar inte vill fortsätta utan är nöjd med det som åstadkommits."

"Drömvärlden har sin bestämda och mycket viktiga plats i många gamla kulturer på jorden," avbröt Zar. "Den återfinns hos indianerna och hos aboriginerna, där den är en av de ursprungliga kunskapskällorna från urminnes tider."

"Menar du vanliga drömmar?" undrade jag. "Jag minns aldrig vad jag drömmer. Jag har heller aldrig riktigt förstått vad indianernas omskrivna "dreamtime" innebär. De lär förflytta sig in i en annan dimension av tänkande eller dagdrömmar som blir verklighetsupplevelser för dem. Är det inte så?"

"Dreamtime är ett rike för sig här", svarade Zar. "Drömtid låter kanske lite fel på ditt språk, men det är vad det är och har inte nödvändigtvis med nattens drömmar att göra. Man måste försätta sig i ett speciellt tillstånd med förhöjt medvetande. Sedan låter man själen ge sig ut på egna resor i drömtiden eller drömlandet."

"Drömlandet kommer man medvetet eller omedvetet till varenda natt," invände jag. "Det låter enkelt och overkligt. Får jag inte vara realistisk fastän jag bara är själ?" Zar skrattade.

"Vet du om att till och med barnen känner skillnad på drömmar och drömmar?" frågade han. "Kalla den här biten för "drömkunskap", då! Det är just ur den sortens drömmar som kunskap kan utvinnas. De inspirerar och förstärker ännu icke färdiga idéer. Det är en vid krets av kreativt drömmande som detta rike omfattar."

"Skulle "drömkretsen" passa?" föreslog jag.

"Låt gå för det," instämde Zar och fortsatte: "En krets kan man se som en cirkel och cirkeln är ursprungets eget tecken. Vår Kosmiska karta är en cirkel med cirklar som bildar en spiral om man lyfter den i mitten. Cirkelns lag är en av universums viktigaste lagar. Alltings begynnelse är ett cirkelskeende, och eftersom den varken har början eller slut är cirkeln evighetens heliga tecken."

"Det är den hos indianerna också," inflikade jag.

"De var med på ett tidigt stadium," svarade Zar. "Lyssna nu, Jan! Vi ska ta oss in i "drömkretsen" så att du förstår hur den fungerar. Det finns ytligare och mer djupgående skikt eller plan i detta rike, men de djupa ska man inte beträda ensam om man är okunnig om vad de innebär. Jag menar att man inte bör lösgöra sig från känslan av att vara ett med allt skapat. Du är nämligen inte ensam eller övergiven. Du är ett med Alltet och Kärleken och intet ont kan vederfaras dig i våra världar. Så måste du tänka när du tränger in i Drömkretsen. Här väntar, väl att märka, en kunskap baserad på din egen grundkänsla: helhet eller avskiljande. Håll fast vid helheten vad som än händer."

Det blev en svindlande resa in i Drömkretsen. Hand i hand seglade vi alla tre, burna på någon slags luftvåg. Jag var inte rädd. Hur skulle jag kunna vara det när jag redan var död och begraven? Ändå hade jag aldrig känt mig mer levande än nu! Detta fantastiska liv med dess oändligt fasetterade rikedom på allt, absolut allt och mer än vad man någonsin kan föreställa sig - detta liv har ingen plats för rädsla. Skräck, fruktan och oro är jordiska företeelser som inte platsar i dessa ofysiskt fysiska världar. Det är inte lätt att förklara det här. Jag känner mig helt fysisk, förutom att en del jordiska - obehagliga - behov har försvunnit. Jag känner mig fri, glad, rik på allt. På jorden ansåg jag mig vara en fattig sate - här är jag rik!

Berg, klippor, fjäll - vad finns det mer för ord att beskriva dessa fantastiska skapelser som gnistrande glasklara reste sina glittrande toppar under oss. Det fanns snöhöljda spetsar och emellanåt skymtade azurblå fjällsjöar likt safirer, infattade i bergens gyllene kronor. Över allt detta svingade vi oss i så hög fart att jag bara hann uppfatta en bråkdel. Det var pampigare än på jorden, mer storartat. Samtidigt insåg jag att det här var landskap där allting kunde hända. En oförklarlig magi omsvepte allt vi såg. Här mötte fantasin sagan och sagan verkligheten. Orden räcker inte till!

Under oss skymtade byar, slott och enkla timmerstugor förbi, men jag hann inte uppfatta några detaljer. Äntligen sänkte vi oss nedåt för att landa rakt inne i en liten by, omgärdad av snöiga berg. Man kunde tro att man hamnat i Tyrolen. Men husen såg annorlunda ut, de hade starkare färger och vackra målningar både på långsidor och gavlar.

"Finns Tyrolen här också?" frågade jag muntert. "Strax kommer väl dragspelare i knäbyxor av läder, med gröna, fjäderprydda hattar på kalufsen?"

"Det tror jag inte," svarade Zar allvarligt. "Nu ska vi åka båt."

Vi befann oss intill en liten sjö i byns ena ände. Vi klev ner i en eka som låg förtöjd vid en brygga. Jag såg inte till någon människa. Båten satte genast i gång av egen kraft. På andra sidan sjön reste sig ett högt berg och ett magnifikt vattenfall öste sina skimrande kaskader i vattnet nedanför, där det bildades jättelika skummande vågor. Vi styrde rakt mot vattenfallet. Det kändes obehagligt, så jag höll mig fast i båtsidorna. Shala skrattade åt mig.

"Har du lite onödig rädsla kvar i kroppen ännu?" frågade hon spefullt. "Det trodde jag inte! Du undrar säkert varför här är så tomt på folk? Detta är en prototyp av landskap som används i Drömkretsen. Det är inte vi som befolkar och förser landskapet med händelser, det är drömmarna! De som drömmer sig hit kan gå vilse bland bergen, trilla ner i vattenfallet, slåss på bykrogen eller låta älskogen blomma bland rhododendronbuskarna i prästens trädgård. Alla ser det här landskapet på olika sätt alltefter deras egen förmåga till drömmande."

"Jag måste avbryta dig," utropade jag. "Jag undrar om visioner är samma sak som Drömkretsen eller om de ingår i den?"

"En vision är en bild som kommer till en jordmänniska för att ge henne upplysning eller mana henne till eftertanke. En vision härleder sig inte från Drömkretsen men kan i vissa fall ingå i den. Du upplever en vision som en slags bild av längre eller kortare verkan och närhet. Det betyder att du måste uppmärksamma något eller hjälpa någon. Visionen kommer från ditt eget inre jag. Den skapas av det omedvetna med ett medvetet mål. Drömkretsens landskap däremot är alla prototyper. Det finns oändligt många sådana som sedan omskapas eller befolkas av drömmaren. Drömmaren skapar själv sina upplevelser i landskapet. Han kan efter önskan överblicka hela landskapet eller bara fragment av det. Han styr sin del i Drömkretsen med eller utan ledning - bådadera förekommer."

Jag suckade. Begrep jag något av detta?

"Detta är ofattbart," tillade Shala småleende. Hon läste som vanligt mina tankar. Man måste ha varit med om det, kämpat med det. Här inryms en sagovärld om man så vill, av drakar, häxor och riddersmän. Prinsessan med de långa gyllene lockarna sitter i sitt torn och väntar, haren gör sällskap med vargen och Rödluvan dansar jitterbug med tre små grisar. Vill du ha en saga, så skapa den! Vill du ha undervisning om något, så be om det. Vill du promenera i skogen i lugn och ro och se tomtar, älvor eller annat skrymt skymta förbi, så bara gör det! Du får det du vill ha. Vill du resa till ett annat land och uppleva något speciellt så sker det. Drömkretsen är de stora möjligheternas rike, ett land där allt kan ske - och då menar jag *allt!* Indianerna använder sig ibland av Drömkretsen när de vill veta om framtiden. Det finns ingen beständighet här, bara en chimär med oändligt sköna varianter som fägnar öga och sinne. Kom nu, så far vi härifrån!

Knappt hade hon uttalat detta, förrän vi virvlade iväg i en rosafärgad dimma. Det var ju klart, tänkte jag, att drömmens riken är omvärvda av rosenfärg. Men vad hade vi här att göra? Drömmar hörde väl inte till den tillvaro jag befann mig i nu? På jorden fanns både natt- och dagdrömmar, men vad kunde jag lära här?

"Mycket!" svarade Zars lugna tankeröst. "Drömmens riken är mångfasetterade. Du har kommit hit för att lära dig förstå hur drömmar är uppbyggda. Kom ihåg att du går i skolan, Jan!"

Den rosa dimman lättade och vi stod utanför en gammal riddarborg som på ett ungefär motsvarade dem man passerar när man åker på floden Rhen. Det var ett förskräckligt liv på borggården. Där fanns riddare på hästar, fanbärare, väpnare, tramp och stoj. Mitt i alltihop var det marknad. Det fanns säkert hundra brokiga stånd med ännu brokigare varor.

"Befinner jag mig i en medeltida inkarnation?" frågade jag.

"Nej," svarade Shala. "Du står mitt i någons dröm. Runt omkring i hela detta rike finns drömmar av de mest skilda slag. De varar inte länge - titta!"

Just som ett tornerspel skulle börja i bortersta ändan av borggården och jag började springa ditåt för att se bättre, så försvann alltsammans och jag upptäckte att jag sprang på en fuktig sandstrand med ett upprört hav på ena sidan och höga sanddyner på den andra. Jag böjde mig ner och tog upp en snäcka. I den låg en underbar pärla. Och medan sceneriet åter skiftade smalt först pärlan bort och sedan skalet.

"Det här är vanliga, röriga drömmar," berättade Shala. "Sådana finns det gott om och vi kallar dem "regnbågsdrömmar". Men det finns också drömmar som känns närapå fysiska - och mardrömmar. De sistnämnda beror i allmänhet på drömmarens upplevelser i det undermedvetna och de styrs av vår största fiende: rädslan. Det finns dagdrömmar som fläktar in här ibland och ofta bär med sig ljus, eftersom de mestadels är baserade på längtan. Man ska inte förakta några drömmar, alla betyder något.”

”Om man kommer ihåg dem, ja,” tillfogade jag och stannade till. Vi hade vandrat omkring i sakta mak och nu stod vi på en väg som ringlade sig så långt ögat nådde. På båda sidor var det öde hedar.

”Du har valt den här vägen,” förklarade Shala med en odygdig glimt i ögonvrån. ”Du vandrar mot okänt mål och har ingen chans att smita iväg åt höger eller vänster.”

”Åh kors!” utropade jag. ”Vet du om det finns någon bra krog vid slutet av vägen? En öl skulle sitta bra!”

”Jag tror att drömmarnas riken snart har spelat ut sin roll för dig,” log Shala. ”Det okända målet är nästa rike, men först måste du träffa en person som vet mer om drömmar än jag. Han heter Aurus.”

En lång, kraftig man stod plötsligt framför mig. Hans knälånga hår var snövitt och ansiktet verkade mejslat ur marmor. Han var klädd i en pastellfärgad kappa och bar en grönskande stav i handen.

”Jag har hand om Drömriket,” sa han vänligt. ”Drömmar är som ostyriga barn. En del får man aldrig ordning på. Med hjälp av drömmarens totala brist på ordning inombords, skapar de ofta kaos under sömnen. Som väl är minns människan sällan något när hon vaknar, men hon blir ofta trött efter sina kaotiska drömupplevelser. Det värsta är att vi inte kan göra något åt detta härifrån, det måste komma från människan själv. Ett ordnat tankeliv ger ordnade drömmar.”

”Det låter tråkigt,” inflikade jag. ”Eftersom mitt tankeliv aldrig har varit särskilt välordnat så har väl drömmarna knappast varit respektabla. Jag har nog drömt om den förbjudna frukten både dag och natt på jorden.”

”Men du omsatte den i ord,” nickade Aurus. ”De flesta konstnärer har väl drömmar om skönhet, även om de aldrig lyckas omsätta dem i praktiken. Drömmar leker sina vilda lekar i den ämnessfär som skapat dem: nämligen drömmarens. Men det finns andra drömmar också. Ni kallar dem drömmar, vi kallar dem varseblivningar. Det är budskap till drömmaren som vi vill ska bli ihågkomna eller åtminstone ligga på lut i det undermedvetna tills de får en chans att ge sig tillkänna. Det kan vara varningar, det kan vara varsel eller kanske framtidsbilder.”

"Vi har också en avdelning för akut budsändning ner till jorden," fortsatte denne märklige man. "Också den kallas ibland för varsel eller materialisation. En del sådana upplevelser sker inte utanför drömmaren och inte heller under sömnen. De kommer till mottagaren inuti hans hjärna och är av stor betydelse för honom och kanske även för andra som får ta del av dem. Sådan "trådlös telegrafi" från våra riken blir allt vanligare i de tider som kommer. Människorna kallar det för kanalisering eller uppenbarelse eller vision. För oss är det rätt och slätt budskap och vägledning. Den typen av manifestationer ska vara starka och klara, men det händer ganska ofta att mediet/mottagaren inte lyssnar tillräckligt noga inåt utan blandar in sina egna tankar och uppfattningar i vår text. Men det har Zar redan berättat om. Gå nu vidare!"

Innan jag visste ordet av hade vi alla tre hoppat i vattnet. Men i stället för att nå sjöbotten så svävade vi åter högt uppe bland molnen. Det var riktigt trångt däruppe. Jag upptäckte att molnen inte var moln, utan slöjor som fläktade förbi. Slöjorna var drömmar på väg till Drömkretsen och inuti dem bodde sovande själar.

"Nu är det dags att lämna Drömkretsen," bestämde Zar. "Det är inte bra att uppehålla sig för länge där, eftersom verkligheten glöms bort i allt detta önsketänkande och önskeskapande."

"Verkligheten?" invände jag. "Vad kallar du för verklighet?"

"Den sanna verkligheten finns i ditt hjärta, i känslan för vad som är rätt just för dig," svarade Zar. "När du levde på jorden så var det din verklighet, när du nu gått över gränsen så är livet här din nya verklighet. Den rätta verkligheten finns inom dig, i din känsla, i dina tankar, i din uppfattningsförmåga, men också i dina innersta önskningar och förhoppningar. Du kan skapa en falsk verklighet närhelst du vill leva i den, som t.ex. nyss vid midsommarstången. Det blir du inte lyckligare av. Du vet och känner med hela din varelse när du lever livet i helheten."

"Jag har aldrig känt mig leva så fullödigt som här," svarade jag allvarligt. "Det skulle möjligen vara när jag författade. Då var jag helt och fullt genomlycklig - men sedan kom man ju tillbaka till skiten igen."

"Du författar fortfarande," påminde mig Shala milt. Hon lade sin lilla hand på min arm. Den lätta beröringen kändes som en gnista av liv och stark, levande glädje.

"Det har du rätt i," smålog jag. "Och det tänker jag fortsätta med! Ja, då måste jag erkänna att allt är perfekt!"

Musikens rike

Under tiden vi pratade hade vi landat på ny mark. Luften genljöd av toner och framför oss reste sig en hög, alabastervit byggnad med utsirade pelare, tinnar och torn av guld och ett jättelikt, kupolformat genomskinligt tak. Därifrån kom den underbaraste musik. Det var tydligen en konserthall.

"All musik som skapas finns i den här byggnaden," berättade Shala. "Musik distribueras härifrån till olika planeter och världar. Den första ton som klingade ut i vårt universum, och som hjälpte till att skapa det, har stannat kvar i den här byggnaden och ger återklang åt all musik som existerar, både på jorden och på andra himlakroppar. Musik som besmutsas med disharmoniska klanger i avsikt att reta människors nervcentra är en musikalisk förorening i etern, som kan bli mycket skadlig för sina åhörare. Den påverkar cellerna i hjärnan genom att negativt stimulera vissa centra. Resultatet kan bli våldshandlingar. Det finns som vi vet datavirus, men det finns också musikvirus. På jorden skapas en hel del syntetisk musik som är lika syntetisk i sin struktur som i sina instrument. Den finns inte här. Man kan skapa av skapat förstår du!"

"Vad menar du?" undrade jag. "Menar du att man skapar om redan befintlig musik till negativa tonbildningar?"

"Med de rätta verktygen går det bra," svarade Shala. "Men det sysslar vi inte med här, det sker bara på jorden. Det finns himlakroppar som inte har musik, men tonen finns där alltid och det är upp till dem om de vill skapa något av den."

"Är det här musikaliska riket ett stabilt och varaktigt tillstånd?" frågade jag. "Jag menar, hur fungerar det egentligen?"

"Ja," svarade Zar, "till skillnad från Drömkretsen så är det helt stabilt. I Drömkretsen kan allt upplösas. Det är som en skuggvärld utan skuggor, en värld av färgchimärer där allt är tillåtet utan ordning och varaktighet. Det rike du nu befinner dig i är på sitt sätt lika "fysiskt" som planeten du kommer ifrån. Ni människor har andra värderingar på det fysiska. Det ni inte förstår klassar ni som ofysiskt, metafysiskt eller andligt - ibland religiöst. I realiteten är det bara frågan om uppfattningsförmågan. Den är utvecklad på ett massivt sätt på jorden, medan den här är förändrad till en subtilare frekvens."

Jag lyssnade. Musiken genomträngde mig, fyllde mig med en virvel av sakrala toner: toner som glödde, som sved i hjärtat och som samtidigt smekte bort all smärta och oro. Det var toner jag kände igen och toner jag aldrig förr hört eller anat att de kunde finnas. De brast ut i en skönhet så oerhörd att lågor brann i hela min kropp och mitt huvud förvandlades till tusen vita svanar som seglade runt ett ägg av guldstoft. I det ägget fanns jag - mitt riktiga Jag, Jaget som är av ande, Jaget som kan gråta fram glädje, Jaget som hör Evigheten till.

Jag vet inte om vi hade kommit in i musikpalatset. Mitt medvetande hade suddats ut och jag *var* musiken, bodde i den, dansade med den, sjöng med den. Jag rycktes ut ur detta föga pragmatiska tillstånd av Shala, som tog tag i min hand och drog mig med sig. Innan jag hann tänka befann vi oss redan i ett nytt rike.

Naturvärlden

"Musikens rike är överspelat," skämtade Shala. "Du behöver en ordentlig kick så du vaknar!"

Kicken bestod av något hon stoppade i min mun - kanske en C-vitamintablett, för den smakade bra och hade omedelbart uppiggande verkan. Men jag tror inte att C-vitaminer hör hemma där jag vistas nu. Finns det mirakelpiller i andevärlden?

"Kalla det vad du vill!" sa Shala. "Tabletten du fick innehåller komprimerad energi i form av strålar som går direkt till hjärncellerna. Den är uppbyggande och absolut oskadlig! Fast egentligen behövs bara helande, ljusa tankar. Musiken har en bergtagande inverkan på många och det kan vara svårt att ta sig ur förtrollningen. Men nu till något helt annat!"

Först berördes mitt doftsinne. Jag såg mig omkring. Vi befann oss återigen nära ett vattenfall, men aldrig hade jag sett sådan blomsterprakt som här. Buskar, träd, mark - allting prunkade. Man kände den där speciella lukten av fuktighet, mylla och grönska som uppstår efter ett regnväder, men den var intensivare än på jorden och mer aromatisk.

"Vi var så nära naturens värld att jag fick lust att göra en utflykt hit, fastän vi har många riken kvar i Astralvärlden," tillstod Shala. "Här bor naturens väsen. Vi har kommit till en pytteliten del av ett jättelandskap."

Hon strök mig över ögonen och strax såg jag hur det vimlade av varelser runt omkring oss. De liknade precis den föreställning jag gjort mig av dessa förtjusande väsen: skira och utsökta i varje linje, snabba och graciösa. Jag skymtade också det som vi kallar för tomtar, klädda i grå vadmalskoltar och till synes mycket aktiva där de skyndade omkring med olika verktyg i sina händer.

"När ett träd dör kommer dess deva hit," fortsatte Shala. "Även trädets andliga utformning följer med och slår sig till ro här. Du finner jordens alla växtarter i denna värld, men även andra planeters flora. Det finns många olika riken även i denna värld, men vi nöjer oss med att besöka jordens naturväsen, för jag är inte säker på vad du skulle tycka om en del andra varelser. De liknar inte våra och en del av dem kan göra ett skrämmande intryck.

"För många årtusenden sedan samarbetade naturens väsen med människorna på jorden. Det borde du minnas! Du var ju med från början och på Zio fanns ingenting mer naturligt än detta. Så var växtligheten där också något helt enastående som man inte finner på någon planet längre. Numera har människorna förlorat förmågan att tala med naturens väsen, men den kommer igen när jorden förändras."

"Tror du att stora förändringar sker? Är inte människornas sinnen alltför förgiftade för att förstå vad de håller på med?"

"Just nu kanske. Men har du något begrepp om vad som sker med dessa skira varelser vid er miljöförgiftning?"

"De flyttar väl tillbaka hit?"

"Ja, så småningom. Men inte alla. Ett mycket stort antal blir så svårt skadade att de måste gå tillbaka ända till sitt första energitillstånd. De får börja om från början. En del klarar inte ens det. Dessa arma krakar upplöses under stor smärta innan de återgår till energi."

"Kan det ske med människor också?" undrade jag förskräckt.

"Nej," smålog Shala. "Så enkelt är det inte. De måste själva betala för vad de gör mot naturen, antingen med sjukdomar eller andra problem. När de kommer hit uppenbaras deras felaktiga handlande för dem, och om de inte förstår vad de har ställt till med får de vandra i Ingenmansvärlden eller också omedelbart gå ner till jorden för att gottgöra vad de brutit."

"Gräset vi trampar på, blomstren vi plockar och slänger, grenarna vi sliter av och annan förstörelse - vad sker då med naturens väsen? Vad händer vid skogsbränder?" frågade jag.

"Bränderna är reningsprocesser," förklarade Shala tålmodigt. "Då finns fröet och den astrala bilden kvar och den kan ta form på nytt. Den skapar en ny växtlighet under samma betingelser. När du trampar ner gräs ska du veta att inte vartenda grässtrå har ett naturväsen. Det finns en gruppdeva för varje art. Så fungerar det med allt smått, även i djurens värld."

"Hur kommer det sig att Naturvärlden är så stor att den fått en egen cirkel på kartan?"

"Naturen är viktigare än något annat, Janne. Därifrån härstammar allt. Den innehåller så många riken, så mycket hemligheter, allt växande, all utveckling. Den behöver mycket utrymme. Vi har gjort en extra cirkel på kartan för naturen, därför att dess väsen behöver en avdelning för sig. De står nära änglarna. Naturen är basen för all existens, både fysisk och astral-eterisk. Moder Jord är den födande och skapande urmodern, inte bara i den fysiska världen och i våra världar, utan även på andra planeter. Stjärnhimlen är en del av naturen. Molnen, blixten, åskan, norrskenet, regnet och stormen är delar av naturens obegränsade vara."

Hon tog min arm och jag insöp begärligt den ljuvliga doften från hennes långa hår som kittlade min kind. Det fanns dofter i dessa underbara världar: musik för örat och dofter för näsan - men kanske inte så mycket för magen.

"Åjovars," skrattade Shala. "Vill du äta så får du! Du kan ju skapa med tanken, eller hur? En del barn kan det redan på jorden. De besöker ofta den här delen av Naturvärlden och upplever sina egna sagor. För dem är upplevelsen helt fysisk, de har sådan inlevelseförmåga. Tyvärr blir de inte trodda av de vuxna. Nu får du titta!"

Vi gick på en skogsväg i en riktig sagoskog som liknade en gammaldags svensk blandskog. Mossiga berg, gröna tuvor där ljuvligt skär och skir linnea slingrade sina lätta armar kring lingonriset och täta snår av try och olvon lurade mellan träden. Vår barriga stig var full av myror. Här kunde jag gärna gå i evighet vid sidan om min vackra ledsagerska.

"Ånej," fångade hon fnissande upp min tanke. "Vi är här på kort besök, så iaktta noga omgivningen!"

Lite generad vände jag mig om. Det var förskräckligt att de jordiska tankarna alltjämt spökade i min eteriska hjärna och att Shala läste dem hur lätt som helst. Bakom mig såg jag ett myller av tomtar och annat småfolk. De stod i ring och iakttog en liten trollbyting som gjorde lustiga kullerbyttor vilket utlöste glada skratt. När jag såg upp mot trädkronorna svävade tunna, vackra varelser ut ur dem. Det måste vara trädens devor.

"Ja, det är det," konstaterade Shala med den där odygdiga blicken igen. "Sluta sniffa på mitt hår och se rakt fram i stället!"

I mitten av en äng rann en å. Mitt i ån satt förstås Näcken och spelade på sin eviga giga och runt omkring honom dansade älvorna. Svartalferna steg upp från rötter och mörka hål i marken. Långt därborta spatserade en jätte i stora grova stövlar. Aldrig förr har jag kunnat föreställa mig hur det är att vara mitt inne i en saga.

"Det är du inte heller," sa Shala med sitt porlande silverskratt. "Det här visar jag dig för att du ska förstå sambandet mellan naturens riken och sagorna. De hör ihop. Alla dess väsen lever i naturen på en för människan osynlig frekvens. Minns du dina första jordiska inkarnationer, Jan? Då var naturen oförstörd och människorna hade daglig kontakt med dessa väsen. Men jordens invånare byggde själva barriärer av grova och felaktiga tankar. En gång i framtiden hoppas vi att den goda gemenskapen mellan människa och naturväsen ska komma tillbaka. Men det ser dystert ut, så som ni förstör er jord."

Jag satte mig på en sten och sköljde fingrarna i kaskaderna från det virvlande vattnet. Det kändes friskt och skönt så jag tvättade hela ansiktet och njöt av att jag fortfarande hade ett ansikte. Förhoppningsvis ett vackert sådant.

"Du ser väldigt bra ut!" försäkrade Shala med ett klingande skratt.

Jag hade glömt att vi höll på med tankeläsning. Det kan vara nog så förargligt ibland. Jag funderade på var Djurens rike fanns.

"Jordens djurrike gränsar till våra naturväsens rike," svarade Shala. "Vi ska strax fara dit. Jag säger "jordens djurrike" för det finns djur på andra bebodda planeter också, och detsamma gäller växterna. Det är helt andra arter, men de har också sin plats i den stora Helheten. Det finns inte minsta växt- eller djurart på jorden som inte har sin moderplanta eller sin deva här."

"Jag ser en nästan frustrerande växtlighet," avbröt jag. "Än har jag inte sett hur alla dessa naturväsen lever."

"Det kan jag omöjligt visa dig," log Shala. "Varje liten varelse har sitt sätt att leva på, i symbios med sin planta."

"Hur uppstår hybrider då?"

"Deras ursprung finns också här. Ingenting uppstår utan vidare i människohjärnan. Inspirationen måste komma någonstans ifrån. Det finns ett frö, eller hur? Plötsligt tillkommer något genom en medveten eller omedveten gärning som gör att det blir en avvikelse från den ursprungliga plantan. Det kan vara en fågel, en vindpust, något främmande ämne i marken som fröet suger åt sig. Om vi går något tillbaka till Drömkretsen så vet vi att där uppstår idéer som i många fall blivit realiserade av drömmaren. Men ibland är den främmande tillsatsen av ondo. Den kan tillföras i experimentellt syfte. Tyvärr är det något som i skrämmande utsträckning har börjat ske på jorden.”

”Menar du genmanipulation?” undrade jag.

”Ja, så heter det,” svarade Shala dystert. ”Det är inte alls bra. Det har gått för långt med sådana experiment som sker i profitens och maktlystnadens anda. Vi är mycket bekymrade över detta.”

”När människorna börjar klona människor så inkräktar de väl på Den Store Andens område?” frågade jag.

”Varken djur eller människor ska klonas,” sa Shala med bestämd röst. ”Det går inte för vetenskapsmän att skapa själar. Klonade varelser är själlösa. Det finns bara ett ursprung för själen. Det finns planeter där kloning ofta förekommer. De mekaniska funktionerna fungerar och man har lyckats åstadkomma tekniskt högt utvecklade hjärnor. Ett är gemensamt för alla dessa: de saknar totalt alla känslor. Tänkandet är begränsat till vissa manipulerbara kanaler. De klonade är robotar av kött och blod...”

”Jag tycker att samtalet börjar urarta!”

Med en snabb rörelse satte hon handen för mina ögon och så blev vi rymdfarare igen. Eller kom rymden till oss? Men när hon tog bort sin lilla hand upptäckte jag att det inte var rymd vi svävade i. Vi passerade över en lång bro utan att snudda med fötterna vid underlaget. Det måste vara bron mellan Naturvärlden och de eteriska världarna. Vi reste säkert med tankens snabbhet.

”Nej du,” hördes min reskamrats skrattfyllda röst. ”Nog kan vi tänka snabbare än så här. Titta i stället på en av de vackraste broar vi har! Den går över Parallellvärldarna och Inkarnationsvärldarna, som du inte ska besöka nu.”

Regnbågsfärgat glitter svävade i lätta skyar på båda sidor om bron. Utmed hela bron fanns skulpturer, ornament och mosaikarbeten som var enastående vackra. Vi hade saktat farten så jag fick tid att tänka.

Bron mellan nu och sedan, funderade jag. Bron mellan då och bortanför. Bron mellan dimensionerna - det lät riktigt därför att dimensioner är ett mått som gäller omfång. Vi kommer från ett omfång och är på väg till ett annat, fortsatte min muntra tanke. I algebran fick man lära sig att dimension är liktydigt med grad. Men här går det inte att gradera vår existens på samma sätt som att endimensionella räta linjer genom rörelse kan bli tvådimensionella och genom ytterligare rörelse bli tredimensionella. Euklides talade om rummet med tre dimensioner, men han var bara människa. Jag finns nu i den fjärde dimensionen - ja, så måste det vara!

"Försök inte förklara vad du nu upplever med mänskliga fysiktermer!" var Shalas smått förargliga kommentar till mina skolastiska tankar. "När bron tar slut får du annat att tänka på. Och det gör den alldeles strax."

Djurens rike

Det är inte lätt att prata när man viner iväg så där, men när vi landade på en sandig slätt kunde jag inte låta bli att fråga:

"Jag kan inte släppa all den information jag fått på jorden om "astralplanet" som det kallas där, med all mörk mystik, all svart magi och trolldom på låg nivå. Spöken och mer eller mindre ondsinta krafter, även UFO:n, hänförs till det astrala planet. Hittills har jag bara sett vackra, innehållsrika, glada och viktigt informerande sidor av det ni här kallar den astrala världen. Var förvarar ni det skumma och ruskiga? Var finns lurendrejarna, de "materiellt andliga" som tjänar mycket pengar och säger sig ha kanaler till er?"

"Vi talar inte gärna om de mörka sidorna," svarade Zar. "De existerar absolut inte i Astralvärlden. De ligger nära jorden, som ni ser på den Kosmiska kartan, eftersom de har nära förbindelse till människorna som har utvecklat dem. De mörka rikena är inte detsamma som helvetet, för Gehenna finns på jorden, inom människorna själva. Era bristfälliga religioner har skapat uttryck som "helvete", "djävul" och "skärseld". Ni har inte en enda religion som inte påpekar synd och straff. De mörka rikena genomsyras snarare av hopplöshet än av magi, för att de svartkonster som uppfinns och sprids därifrån kommer aldrig till våra världar. De hamnar hos människor som är mottagliga för det onda. Vad säger dig ordet "astra", Jan?"

"Det är väl latin och betyder stjärnor?" svarade jag förvånad.

"Just precis," sa Zar belåtet. ""Astrum" betyder "stjärna" och "astralis" betyder "strålar som en stjärna". Kan du koppla ihop dessa ord med ondska? Hela den vackra ljusa innebörden i ordet Astralvärlden har människorna låtit försvinna och i stället ändrat den till något mörkt och lite otäckt som härstammar från den rädsla och ångest de själva bär inom sig. Här får du nu lära dig vad den astrala världen verkligen innebär - den äkta astrala och stjärngnistrande!"

"Mentalplanet då?" frågade jag. "Det finns med i alla böcker jag har läst. Det räknas ett steg högre än astralplanet."

"Det mentala, Jan, är vad som försiggår i din hjärna och som inte sägs med din mun: alltså tankarna," svarade Zar. "Det där har dina böcker fått om bakfoten. Det mentala finns närmare än Ingenmansvärlden, eftersom det betyder att era levande hjärnor arbetar. Det existerar inte något separat mentalt plan eller värld. Allt tänkande är mentalt. Det finns alltså även här, där det arbetar telepatiskt. Eftersom telepati ännu inte är vanlig på jorden så har människorna tilldelat det mentala ett eget plan. Låt dem ha vilken terminologi de vill, men här arbetar vi efter vårt eget språkbruk. Vi försöker göra de olika världarna förståeliga för läsarna och då kan vi inte använda de termer som religioner på jorden skapat."

"Har du sett dig omkring?" avbröt Shalas mjuka röst.

Det hade jag inte. Zar höll på att vända upp och ner på mina etablerade föreställningar, men det var ju något som jag hade varit med om hela tiden sedan jag kom hit. Jag insåg att alltsammans var mycket enklare än man hade föreställt sig i det jordiska och jag skämdes lite över min okunnighet om det astrala. Från och med nu blev Astralvärlden "Stjärnornas värld". Belåten tittade jag mig runt omkring och såg höga klippor på ena sidan om oss och skog på den andra. Sandslätten löpte ner till en sjö. På avstånd såg jag vilda djur som betade, sprang omkring eller låg och vilade. Det märkliga var att så många sorter var tillsammans: från tigrar och lejon, elefanter, zebror och hjortdjur till små djur av alla slag. På jorden gällde det att "äta eller ätas". Här gällde bara samvaro i fred och gemenskap.

"Noaks ark!" utropade jag. "Alla sorters djur tycks trivas här tillsammans!"

"Självklart!" svarade Shala. "Här finns en stor variation av landskap för de vilda djuren. Vi har också en vacker park med trivsamma bostäder åt husdjuren. Alla raser, från de minsta till de största, har sina devor och dessa devor sköter om sina respektive djur. När djuren kommer hit måste de gå igenom en slags hälsokontroll. Det är inte bara människor som tror att de för med sig sina sjukdomar hit. En del djur tror sig vara svårt lemlästade och letar efter förlorade kroppsdelar. Specialutbildade devor arbetar psykiskt med dessa stackars djur som i många fall plågats under vivisektörens instrument. Hur kan människorna vara så grymma att de använder djur i experimentellt syfte? När ska människorna lära sig använda de helande krafter som finns till för dem? Dessa krafter kan de även använda på djur. Kommunikationen mellan människa och djur har också försvunnit."

"Inte mellan hundar, hästar och katter och deras hussar och mattar," protesterade jag. "Där finns många fina förhållanden. Jag undrar förresten om t.ex. en älskad hund som dör snabbt kan återfödas och komma tillbaka till sin förra ägare?"

"Det varierar från fall till fall. Vi har djur som vägrar att gå tillbaka till jorden. Djuren sprider sig över kartan som de önskar - det är svårt att ständigt hålla dem kvar i deras eget rike. Husdjuren, särskilt hästar, hundar och katter, kan vara starkt bundna till sina forna ägare. Det sker ofta återföreningar mellan människor och djursjälar. Vill en själ som gått över åtföljas av ett djur, så är det tillåtet. Ibland "spökar" de. Det vill säga att deras energier är så starka att de kan materialisera sig ett ögonblick. Men djuren måste också utvecklas och den chansen bör deras ägare ge dem. En hund förblir kanske inte en hund, en katt inte en katt, osv."

"Och vad händer med dem?" undrade jag nyfiket. "Blir de kanske människor?"

"Jag tycker inte att du behöver veta mer om det här riket," sa Zar och tog tag i min arm igen. "Din fråga går inte att besvara annat än individuellt. Kom ihåg att i Djurens rike härskar kärlek mellan alla djur. Kärleken genomsyrar alla våra världar därför att vi från begynnelsen skapats av den."

"Innan vi drar vidare undrar jag om jag får ställa en fråga angående indianernas gudar? Jag har hört att olika stammar har olika namn på sin gud, men ändå är det väl samma gud de menar? Wampanoagstammen kallar Den Store Anden för Kiehtan eller Kishtannit och under honom finns många gudalika väsen. Bara i Nordamerika har det funnits mer än 500 indianstammar. Det blir ju en förfärlig massa olika gudafigurer. Indianerna är bara ett exempel, hela jorden är full av avgudar. Vad gör ni åt dem?"

"Det var en lätt fråga," smålog Zar. "Titta på den Kosmiska kartan! Utanför Ingenmansvärlden finns bl.a. Avgudars riken. Där lever gudarna i högsta välmåga. Om hundratals stammar på tusentals platser på jorden ger olika namn åt sina avgudar så är det bara en språkfråga. Gudarna som lever i Avgudars riken har var och en ett ursprungligt namn. Den Oändlige Anden råder över dem också. Vi kan kalla avgudarna för symboler med eget liv. Det skulle bli alltför omfattande att gå in på dem i detalj, så är du nu redo för Barnens rike?”

Barnens rike

Snabbt fördes vi vidare på Joliths starka vingar när hon dök upp som en jättefågel ur molnmassorna ovanför oss. Vi landade i en vidsträckt lekpark. Det fanns gungor överallt, smäckra silverglänsande gungor där barn med fladdrande hår, rosiga kinder och glada ögon lät vinden hjälpa dem att flyga upp mot skyn. Ingen verkade rädd. Skrattet låg på lur och smygtittade på alla de små munnarna innan det äntligen brakade löst. Då for det omkring i smattrande trumvirvlar tills det kiknade. Överallt surrade barnaröster och ekade glada skrik. Det hoppades rep, det skuttades hage, det spelades boll och kula. Det dansades, det sjöngs visor och berättades sagor! Jag stod som förtrollad. Om det fanns ett paradis så måste det vara här! Överallt gled änglar omkring och hjälpte barnen tillrätta med tröst och beröm och uppmuntran.

Jag har alltid varit fascinerad av sagor fastän jag inte ägnat dem så mycket tid. Jag erkänner gärna att jag/Jan drömde om att skriva barnböcker. Men jag vågade inte ge mig in i konkurrensen sedan jag etablerat mig som romanförfattare. Jag var dessutom lite gammaldags. Jag gillade riddare och drakar, fångna prinsessor, trollen i de mörka skogarna och små fattiga barn som, liksom jag själv en gång, vandrade barfota på ängarna och drömde om ett rejält mål mat. Tycker moderna barn om sådant?

”Här är ljuvligt,” stönade jag och andades in de tusende blommornas doft. Lite längre fram fanns en vacker liten sjö där det badades under vilt plaskande och stojande.

”De små har det bra,” instämde Shala. ”Barnen förs aldrig till Ingenmansvärlden, de sänds direkt till Barnens rike. De vistas en tid i vår barnträdgård och där behåller de den ålder och gestalt som de hade vid övergången. Detta är nödvändigt för deras trygghetskänsla. De måste få vara barn ett tag, lyckliga barn som kan leka och skratta. Men de flesta av dem måste gå tillbaka till jorden. Innan dess går de igenom en skola som ligger här bredvid. De måste välja nya föräldrar och de måste förstå varför de väljer så att de frivilligt möter sin nya framtid."

"Arma ungar som kommer till jorden i dag!" suckade jag. "En del av dem blir barnarbetare, andra soldater redan som 8-10-åringar i u-länderna. En del föds till föräldrar som snart skiljer sig, med allt vad det innebär. Jag undrar hur många av de här ungarna som får ett ljust och lyckligt liv på jorden?"

"Där kommer tankens kraft in igen," förklarade Shala. "Om de lyckas föra med sig det rätta tänkandet, lyssna inåt och handla efter det så blir de inte olyckliga. Men om de dukar under för påtryckningarna från omgivningen redan som små kan det gå galet.

"När ett barn anses färdigt för nästa steg, flyttas det till en annan del av barnens rike. Där sker en slags metamorfos som jag inte tekniskt kan gå in på, men resultatet blir att barnet förändras i ålder. Det är svårt att tala om ålder i detta sammanhang, eftersom åldersbegreppet inte finns här. Mestadels har själen åtagit sig den korta tidigare livstiden av karmatiska skäl. Det kan ha med familjen att göra, det kan också handla om offer, särskilt i gruppinkarnationer i u-länder där det sker massmord och massflykter.

"Men i detta nu har vi låtit barnen föra med sig en hel del tänkande från oss i det undermedvetna. Man kan säga att många barn föds andligt utvecklade i dag. Det andliga finns där som ett frö, men det måste ha näring för att kunna växa."

"Barn som dör tidigt och framför allt de som dör under fruktansvärda omständigheter, krig, svält, mord... har de verkligen själva valt att gå ner till jorden några få år för att uppleva detta hemska?" undrade jag realistiskt.

"I de flesta fall ja!" blev svaret. "Olyckor sker, men ingenting är tillfälligheter. Det är så här med döden: de flesta människor har ett antal stolpar eller stoppsignaler utplacerade på sin livsväg. Det är alltså inte bestämt från början att du ska dö ett visst datum. Det finns flera olika tillbud eller möjligheter att avsluta ett liv. Det är egentligen du själv, dvs. ditt Högre Jag, som bestämmer om det är dags. Det Högre Jaget ser längre än du. Det ser vad som rör sig i ditt djupinnersta och vad som behöver en förlängning av livet för att kunna utvecklas. Du vet inte om det, men avgörandet är faktiskt ditt! Du klarar en svår operation, en bilolycka, en drunkningsolycka eller något annat som snuddar vid döden. Varför? Jo, du är inte riktigt färdig med det liv du själv har valt, medan andra tror att ett mirakel räddat ditt liv!"

"Gäller det där även vid t.ex. hjärttransplantationer?"

"Det beror på. I våra ögon är något sådant ett onaturligt förfarande, en lek med de gudomliga krafterna. En läkning kunde ha gått lika bra utan transplantation vad än läkarna säger - men så långt har ni inte kommit ännu. Mycket beror på patientens starka vilja att överleva. Vissa negativa påverkningar kan bli resultatet av en transplantation, eftersom patienten får inopererat inte bara ett organ utan också det organets energier. Men det är en annan historia."

"Men många som man tycker bara påbörjat sin karriär på det jordiska planet rycks bort alldeles för tidigt," invände jag, "och det gäller särskilt barn."

"Så många felaktiga uttryck du använder!" utbrast Shala. "Karriär till exempel. Vet du vart den karriären skulle leda en person om han fått leva? "Ryckas bort" - så befängt! Ingen rycks bort, alla går över. Det är de anhöriga som "rycker till" i så fall. Och sedan rycker de åt sig materiella fördelar om de kan. I sämsta fall rycker deras sorg i den bortgångne så att han har svårt att komma bort från Ingenmansvärlden."

"Du talade om olyckor förut. Finns sådana?"

"Svår fråga. Olyckor finns på grund av människors slarv, tanklöshet eller obetänksamhet," svarade Zar allvarligt. "De är beroende av negativt skapande med tanken, ett slags jordskred i det undermedvetna som ger ovarsamhet i det medvetna."

"De flesta barn som kommer hit är mycket lyckligare här än i jordelivet," försäkrade Shala ivrigt. "De får en ny chans till ett liv som säkert blir bättre, för här lär de sig att förstå så mycket som de inte begripit förut. Den kunskapen tar de med sig i det undermedvetna och om de lyssnar till sin intuition får de en ny chans. Inget barn dör utan att det finns anledning. Slumpen existerar inte. Motivet till förtidig död som är klart och frivilligt uttalat härifrån, fördunklas naturligtvis av barnets omgivning på jorden. Det är de närstående som sörjer och kanske påtar sig skuld för vad som sker, men det hör till deras karma. Du har sett sång, dans, lek och glädje - fria, lyckliga barn i en värld där begrepp som "mobbning" eller "våld" är totalt okända. Ett barn här kan slå sig men gör sig aldrig illa. Det slår aldrig och blir aldrig slaget. Förstår du? Nu går vi vidare."

Jag fick se hur barn och naturväsen lekte och hade roligt tillsammans. Naturvärlden och Barnens rike har nära kontakt med varandra. Tomtar och älvor, som på jorden gäller för att vara påhittade sagoväsen fanns här också. Det finns ett rike som heter

Sagoriket i Astralvärlden och det ligger också nära Barnens rike. Där finns jättar och troll och där utspelas sagor, myter och äventyr i all oändlighet. Ibland måste änglarna ingripa för att få ordning på de vilda sagorna.

"Det händer," berättade Shala muntert, "att djärva ungar får besöka Sagoriket och uppleva fantastiska äventyr. De kan aldrig komma till skada även om det händer tuffa saker, för så snart de blir rädda upplöses hela sagan och de kommer tillbaka hit. Om fler vuxna hade barnasinnet i behåll skulle de besöka de här rikena. Att vara som ett barn är bara till fördel för människan. Har du lust att stanna här ett tag, Janne?"

"Tack för erbjudandet," svarade jag raskt, "men jag avstår. Jag är nyfiken av mig och vill vidare."

Susande på den plötsligt uppdykande Jolith for vi iväg, alla tre.

"Du ställde en fråga förut som jag ännu inte besvarat," hojtade Zar mitt under färden. "Du undrade var de andliga spelevinkarna hör hemma. Många av dem inspirerar och vägleder medier över hela världen. Det är kunniga, uppfinningsrika skojare från Ingenmansvärlden som lever i förvissningen om att de faktiskt *är* de personer som de påstår sig vara. Många av de namn de kallar sig förekommer både i Bibeln och i andra heliga eller mindre heliga skrifter. En del av vad de säger är sant och riktigt, de är välinstruerade av krafter som inte hör våra världar till. En del bara driver med sina "offer", andra har en mening bakom sin s.k. kanalisering. Den meningen ingår i en plan som inte heller kommer härifrån."

"Hur ser man skillnaden?" undrade jag. "Hur ska man veta vem som är vem? Hur ska ett medium kunna lita på sin egen intuition om det finns sådana krafter i omlopp?"

"Intuitionen, min vän, är den störste Mästaren. Men som vi förut nämnt, och som du säkert redan vet, finns det många bebodda planeter i vår galax och en del av dem vill tillskansa sig makt på jorden, t.ex. Orion som redan nämnts. Från dem kommer en hel del "medial" information."

"Men det är ju hemskt!" utbrast jag. "Vem ska lita på vem?"

"När du vänder dig till ditt innersta Högsta Jag och frågar så får du alltid rätt svar."

"Jag kan väl tro att jag gör det, men så är det fel ändå," invände jag lite förargad. "Är man människa på jorden så har man inte samma resurser som här."

"Du *känner* vad som kommer inifrån och vad som är rätt," försäkrade Zar. "Dessutom märker du vad resultatet blir. Du får inte glömma att ditt ego kan vilja ha ett ord med i laget. När egot inspirerar blir det fel."

"Puh!" stönade jag, "du gör det så förvirrat för mig."

"Visst inte," inflikade Shala milt. "Zar menar att när pengar och makt är inblandade så måste man se upp. Kunskap från en kanal ska emanera kärlek utan krav på att återgäldas. Där har du hemligheten i ett nötskal."

"Då blir det inte många ärliga medier kvar," suckade jag. "Stackars den goda jorden som besås med så mycket ogräs!"

"Käre Jan," sa Zar allvarligt. "Det är inte bara vackra ord som gäller, utan även att omsätta dem i gärningar. Vem som helst kan prata om ljus, men vem som helst *är* inte ljus och *ger* inte ljus! Grunden till ljusa, kärleksfulla ord får inte vara profit. De två polerna förskjuter varandra och driver fram oönskade mål. Låt människorna uppsöka olika medier och få olika uppgifter. Det är också ett sätt att lära sig på. Man måste göra misstag för att förstå vad som är bra eller dåligt. Det finns många goda medier. Jag varnar bara för en del planeters inverkan på känsliga människor. Hoppsan, nu landar vi!"

9. Midnattsmässan

"Jag har inte sett några kyrkor än," anmärkte jag när änglavingarna likt en segelduk bredde ut sina mjuka fjädrar på marken.

"Det finns inga kyrkor i våra världar," svarade Zar. "Vad skulle vi med kyrkor till? Vi sände ner vår broder, Jesus Kristus Sananda, för att tala om för människorna att allt är Ett. Alla era olika religioner splittrar i stället för enar. Kyrkorna är prästerskapets maktboningar. Varför använder ni inte kyrkorna till vacker musik och sång och låter människorna gå in där och be sina böner, utan att ha någon överhet som tar upp kollekt i Guds namn, som för övrigt inte alltid används positivt."

"Du menar Gamla Testamentets Gud?" frågade jag.

"Javisst. Någon kyrka lär du inte få se här om inte någon gör ett hologram som liknar en kyrka, i så fall i Ingenmansvärlden. Men det försvinner lika fort. Hologram är inte beständiga. Vi har byggnader här där vi möts, sjunger och dansar och sänder ljus."

"Men tänk vad tjusigt med en midnattsmässa!" försökte jag.

"Du ska få uppleva en "tjusig midnattsmässa" innan vi är färdiga med den här resan. Sedan slutar du nog att prata om kyrkor! Se dig omkring nu."

Det såg ut som om vi befann oss på ett flygfält, men landningsbanorna liknade inte de jordiska, även om mångfärgade ljus blinkade överallt. Shala vinkade åt mig att följa med och så gick vi in i en silverskimrande jättelik byggnad som påminde om ett observatorium. Därinne fanns en spiraltrappa i mitten. När vi kom upp nära taket, fann vi en barriärförsedd avsats som gick runt hela byggnaden. Väggarna var så tunna och genomskinliga att man tyckte sig stå under bar himmel. Himlen var indigofärgad och stjärnorna vandrade så nära oss, som jag aldrig förr upplevt dem. Från vår upphöjda plats såg vi en gigantisk plattform. På den landade farkoster av de mest skilda slag. En del liknade flygande tefat, andra zeppelinare och åter andra var det omöjligt att likna vid någonting som människoögat sett.

"Vi är fortfarande i Astralvärlden," förklarade Zar, "och det här är en landningsplats för besökare från yttre rymden. Det finns planeter med invånare som har förmågan att ställa om sig till vår frekvens utan att först gå över den fysiska dödens gräns."

"Är detta ett rike i Astralvärlden?" undrade jag.

"Nej," svarade Zar, "det här är ingenting annat än en flygbas. Här finns mottagningsbyggnader för besökarna där de blir omhändertagna och vägledda av änglar. Du talade om "rike" och då måste jag berätta att inte långt härifrån finns alla världarnas "databas", som det skulle heta på jordiskt språk. Den är så stor att den omspänner varje individ som levat på jorden och som nu lever där. Vi visar den inte, för den är så stor och komplicerad att en utomstående omöjligt kan förstå hur den fungerar. Där finns t.ex. uppgifter om alla liv som en enda människa levat sedan hon första gången föddes till människa. Utan den kunde vi inte visa Akashakrönikan, som härleds därifrån. Detta tekniska område ingår i Vetenskapens rike."

"Tack, min tekniska ådra är obefintlig," smålog jag, "så jag tror jag avstår från att resa dit. Jag föredrar de sköna konsternas rike."

"Bra Jan, för det är nästa mål på vår resa," berättade Zar.

"Varför visar ni mig den här flygbasen?" frågade jag.

"Därför att den är ett gränsområde och för att vi ska ut på en liten flygtur," svarade Shala. "Du ville ju uppleva en midnattsmässa, och vi bjuder på en - men utan kyrka."

Någonting som såg ut som en glasboll hade landat bakom oss. I glasklotet fanns en dörr och en trappa ledde upp till den. Vi steg upp i "planet" och satte oss. Det kändes ungefär som att vara i en helikopter, men skillnaden var att allting var av glas, till och med stolarna vi satt på. Vad jag kallar för glas var ett genomskinligt material som inte kändes hårt när man tog på det. Sätena var mjuka och följde precis våra kroppar. Någon pilot såg jag inte till. Där Zar hade satt sig fanns en instrumentbräda och några spakar.

"Du är väl inte rädd?" frågade Shala lite raljant.

Jag nekade förstås, för vad hade jag att vara rädd för? Vad väntade jag mig? Inte en kyrka, men en stor konsertsal, kanske på en annan planet. Livet efter döden bjuder ständigt på överraskningar och det passar mig bra. Jag mindes när Jan-jaget var sjuk i en svår och dåförtiden obotlig sjukdom. Först kändes det tröstlöst, men sedan reste sig mitt motstånd högt som Eiffeltornet. Jag ville inte vara sjuk och sakta förtvina och dö som jag sett så många i statarfamiljerna göra, på grund av bristande näring, fuktiga bostäder, alltför tungt arbete och annat elände. Jag minns att jag satt på en sten i skogen och tänkte så det sprakade. Inte hade jag varit till så stor glädje därhemma eller någon annanstans, men om jag fick leva så skulle jag visa dem. Så jag fattade ett starkt beslut där på stenen. Jag skulle *tänka* mig frisk!

Det märkliga var att jag lyckades. På den tiden var sådana tankar helt okända. Jag kanske hade uppfångat något ur en gammal bok - jag minns inte riktigt. Men hela mitt liv förändrades när jag blev frisk och envist travade från förlag till förlag för att få mina böcker utgivna. Tanken segrade till slut - även om det tog tid!

Utanför glasklotet fanns den indigoblå himlen, broderad med så många lysande stjärnpaljetter att det sved i ögonen. Jag såg snurrande planeter och kometer - eller var det stjärnfall? - som fräste förbi likt eldsprutande drakar. Glaskulan rullade runt i den klara atmosfären och hade vi inte varit fastspända, så hade vår lätta lekamen säkert upplösts av turbulensen. Ändå var rullandet inte obehagligt, ty både uppåt, nedåt och åt sidorna uppvisade rymden ett otroligt fängslande skådespel. Vi var omslutna av kosmos, vi var små atomer i Helheten. Om vi skrek skulle våra röster inte höras ens så mycket som fladdret av en fjärilsvinge. Men skrika kunde vi inte, våra munnar var förseglade. Vi tog in Alltet med våra ögon och våra kroppar samlade upp en hittills okänd energi som gav oss kick på kick av medvetandeförhöjning, gränsande till en primalchock. Det var som om hela jag skulle sprängas inifrån.

Med ens kom det. Någonstans öppnades en lucka i glasklotet så att ljudet kunde flyta in. Midnattsmässan började. Det var rymdens musik, sfärernas övertoner, änglarnas harmonier, serafernas sakrala körer. Det var en förening av ljus och ljud som inte bara ljöd i öronen utan invaderade hela kroppen och sträckte ut ens lemmar i naken hängivelse. Vi befann oss i den största lokal som tanken kan skapa: världsrymden. Tonerna sökte oss - inte vi dem. De flög runt omkring farkosten, de lekte i cirklar som paraderade ovanpå varandra för att med en klang av spröd kristall dras uppåt i en spiral med oss i mitten. Det sjöd och klippte i nervtrådarna. Det forsade och sjöng och svepte in oss i en katedral av ljud. Det var skrämmande skönt, men inga ord täcker vad det egentligen var vi upplevde denna oerhörda stund i eterns famn.

Zar, Shala och jag låg utsträckta i glasklotet, vi flöt i luften. Vi flöt med tonerna och tonerna flöt in i oss. Det var klanger som jag aldrig hört förr och som rann över mig i kaskader som från ett gigantiskt vattenfall. Vad är jordens alla kyrkor och domer mot detta! tänkte jag. Allt jag läst, alla musikens och konstens mästare, all kultur i hela världen - vad var alltsammans värt om man jämförde det med detta sublima ögonblick? Kanske inte min evighet är densamma som er, jordemänniskor, men just nu talade den. Evigheten berättade! Den sjöng om sin oändlighet, sin kravlösa kärlek och sin väldiga skönhet. Kan det ljuvligaste av allt ljuvligt förorsaka smärta? Kan smärta och lycka bindas ihop till en känsla så oerhörd att det som vi på jorden kallar död blir en glädjesymfoni? Och vad är egentligen *känslor*? Jag vet att jag har behållit min förmåga att *känna* efter övergången, men aldrig förr hade jag känt mig endast och allenast bestå av känslor!

Midnattsmässan var inte över. Utanför glasgloben började det plötsligt att brinna. Jag satte mig häftigt upp och skådade ut i kosmos. Farkosten var omvärvd av lågor som inte liknade brinnande eld. Det var ingen brasa, inga heta, brännande lågor. Det var en brand av färger som bildade mönster och som följde rytmen i tonerna. Det var så ofattbart skönt att mina euforiska känslor förlamade mig. Jag satt käpprak och sög in upplevelsen och önskade att den aldrig skulle upphöra. Jag ville vara kvar i denna lilla glasbur mitt ute i världsrymden, långt efter att midnattsmässan förtonat, för hur skulle jag kunna återvända till någon som helst tillvaro efter detta?

Barmhärtighetens mörker försatte mig i en kort sömn. När jag vaknade landade vi på flygbasen och Shala hjälpte mig ur farkosten. Jag darrade i hela kroppen.

"Du vänjer dig snart vid våra midnattsmässor," tröstade hon när mina tårar blötte ner hennes hand. Gråta kunde jag fortfarande.

"Ser du," fortsatte hon mjukt, "du var med oss första gången nu och det blir många flera. Men man måste träna sig för såväl största möjliga lycka som för allt annat."

"Det här måste vara det största som kan hända en själ näst efter att få möta Fadern själv," flämtade jag.

Shala gav till ett litet klockrent skratt.

"Honom behöver du inte möta separat," försäkrade hon. "Han finns i allt och överallt. Du har honom inom dig, och han var den store dirigenten i Midnattssymfonin!"

"Men jag trodde att han fanns i mitten av cirklarna på den Kosmiska kartan," stammade jag. "Där bor ju Den Store Anden, Fadern-Modern, eller hur?"

"Javisst," kvittrade Shala, "visst finns han där. Men han finns också överallt.”

Zar sällade sig till oss. Han grep tag om mina axlar och gav mig sedan en vänlig klapp i ryggen.

”Han finns i din musa, han finns i ditt hjärta, han finns i dina ögon och i mina och i Shalas,” sa han. ”Det allseende ögat är en bit av ditt eget öga - men den biten hinner inte alltid öppna sig när man vistas på jorden. Där återkommer jag till era kyrkor. Det är prästerna som ger människorna en felaktig bild av Fadern. Han anses som Den Högste. Men eftersom han finns i allas våra ögon och i allas våra hjärtan så kan han inte sitta högre upp än vi, eller hur? Det är riktigt att han har sitt Vara i mitten av vår Kosmiska karta. Men därifrån utstrålar han en gnista till varje levande cell. Allt levande innehåller Skaparens energier. Det är den starkaste lag som existerar.

Och nu, Jan, fortsätter vår resa.”

10. De Sköna Konsternas Rike

De sköna konsternas rike är också ett skapelsecentrum. Därifrån utgår energistrålar till all konst som skapas på jorden. Jag undrade varför en del konst är så ful, så låg och vedervärdig, men ändå kallas konst. Har den verkligen skapats här?

"De energier som inspirerar konstnärer över hela jorden sänds ut härifrån," svarade Zar. "Men för att nå konstnären i form av inspiration måste auran penetreras. Endast via auran kan inspirationen nå konstnären. Om auran är sjuk eller påverkad av ondska, droger eller negativt tänkande, transformeras inspirationen när den är på väg att realiseras via konstnärens bilduppfattning. All konst på jorden blir alltså inte himmelsk eller celest. Skåda nu ditt eget arbetes inspirationskälla: Vänd dig om!"

Det gjorde jag. Till min häpnad upptäckte jag statarstugan där jag vuxit upp, boskapen som jag vallat, åkrarna vi plöjt, kyrkan som alla vi barn döpts i och ängarna, skogen och sjöarna däromkring. Allt detta framträdde runt omkring mig, så att jag stod mitt i ett holistiskt centrum av min egen barndom.

"Det var där du hämtade kraft och inspiration," viskade Shala i mitt öra. "Din enkla okomplicerade barndom gav dig styrka, även om du många gånger tyckte att ditt liv var besvärligt och otillräckligt. Utifrån det här landskapet skrev din penna alla orden, de färgstaka och målande. Utan omgivningen hade orden blivit tama och ointressanta. Så är det för de flesta konstnärer. Deras barndom och uppväxt präglar dem och ger dem inspiration både på gott och ont. Men deras händer följer inte alltid bilderna i deras inre. Många av dem släpar på stenar som följer dem från liv till liv. Men sådana konstnärer tillhör inte Solens och Stjärnornas folk - de tillhör bara sitt ego."

Min hembygd försvann och gav plats åt en ateljé, där flera konstnärer var sysselsatta med att måla. Målningarna var sublima. Så underskönt måleri, utfört med olika manér och på varierande material, hade aldrig skådats av jordiska ögon.

"Detta är konst som ska direktinspirera jordiska konstnärer i form av energier," berättade Zar. "Vi får se vad det blir av den när den skickas ner till sina "kandidater"."

"Det kan jag tala om," skrattade jag. "Inte tillstymmelsen av denna skönhet kommer att fastna på jordiska dukar! Om den gjorde det så skulle den förändra människorna och höja deras medvetande. Så väl är det nog inte."

Själar som varit konstnärer eller alltid önskat vara det hamnar här om de själva önskar det. Här finns lärare och möjligheter att utöva all slags konst. När man vandrar runt här slås man av det bekanta i tavlorna på väggarna. Berömda jordiska konstnärer som inte inkarnerat igen delar med sig av sin erfarenhet och skicklighet. Mindre berömda konstnärer får en ny start.

Omgivningen bleknade snabbt och gav plats åt ett antal rum omkring mig. Där fanns allt: från en sparsamt inredd vindskupa till ett magnifikt bibliotek. Det var författarverkstäder. På ett stort bord låg det massor av böcker. De hade fantastiska titlar och på något sätt visste jag att det var de perfekta böckerna. Det var de böcker som aldrig skrivits. Det var böcker som skulle revolutionera världen, som skulle välta omkull alla förutbestämda uppfattningar, slå spikar i religionernas gigantiska kistor och jämna vägen för en ny, positiv och annorlunda livsåskådning. Det var böcker för både barn och vuxna. Men några titlar låg snubblande nära böcker som redan finns och som kommit ut under senare år. Det var trenden som nyss börjat vakna på jorden, det var framtidens spännande lektyr.

Här ville jag stanna. Jag grävde i volymerna på bordet, jag njöt av att hålla i dem, att känna deras tyngd eller lätthet, att insupa orden jag fick ögonen på. Bland alla dessa böcker fann jag ingen bibel, men väl en tjock religionshistoria med guldsnitt och underbara bilder. Jag bläddrade i slutet på den. Den sista tryckta sidan berättade om hur alla religioner var på väg att sammansmälta till en enda livsuppfattning där en enda Kraftkälla styrde genom varje levande individ. Jag såg frågande på Shala.

"Den boken berör vissa framtidsvisioner," förklarade hon milt. "Den visar målet vi siktar mot."

"Får jag stanna här ett tag?" frågade jag. "Ni kan väl hämta mig senare?"

Men Shala skakade på huvudet.

"Det vinner du ingenting på, det sinkar oss bara. Det här är ditt personliga intresse, men dina läsare vill gå vidare och veta mera. Zar väntar på oss i Änglariket i den eteriska världen, så nu far vi dit!"

11. I Änglarnas Rike

Återigen upplevde jag moln eller dimma. Likt ett skirt töcken i blått, rosa och violett svepte den in oss så tätt att jag inte ens såg Shalas konturer längre, bara kände det fasta greppet av hennes lilla hand. Det påminde mig om den sortens rökridåer man använder både på scenen och i filmer. Jag började fundera på om jag inte ändå var den jordiske gamle Janne som inte dött utan drömde alltihop. När man passerat igenom drömmarnas riken blir verkligheten diffus. Jag började tvivla på min verklighet och undra var den fanns någonstans.

"Du får lita på mig, Jan," hördes Shalas bestämda röst. "Du kniper ihop ögonen för att du inte vågar vara den du är nu, han som är på andra sidan om Ljusets port. Se upp nu, vännen! Det här är din verklighet."

Nog var det ljust, alltid. Underbar musik hördes och min näsa vädrade de angenämaste dofter, kryddade och aromatiska. Men visst måste änglar ha vingar - det kunde jag inte komma ifrån. Det har man ju sett sen urminnes tider i mycket gamla böcker, i avbildningar, i kyrkor. Änglar *ska* ha vingar!

Men här vandrade ljusklädda gestalter omkring i en paradisiskt vacker park - det var som en fransk 1700-talsmålning - och inte en enda en hade vingar. Men jag såg ett ljussken omkring dem, en gloria, aura eller vad det kunde kallas.

"Det är deras utstrålning," förklarade Shala leende. "Du är visst ordentligt bunden vid det jordiska fortfarande. Nej, nu får du skärpa dig och ta in lite nytänkande. Jag tog dig med flit till den här parken för att du i lugn och ro skulle få studera änglarna. Jag trodde att du hade förstått det där med vingarna. Detta är en skapande värld. Behöver man vingar för något särskilt ändamål så skapar man dem."

"Änglarnas ryggar ser för svaga ut för att bära upp vingar," avbröt jag. "Man behöver vara en muskelknutte för att orka med dem."

"Tycker du att humlorna är muskelknuttar?" frågade Shala muntert. "Tänk vilka tunna, späda vingar som bär upp deras runda, stabila kroppar. Men de håller! *Dina* fysiska lagar gäller inte här och ändå återkommer du ideligen till dem, Janne. Glöm det gamla och ta emot det nya. Du håller på att lära dig något helt nytt och underbart.

Då måste du också acceptera den magi som är enkel för oss men stämplas som trolleri på jorden. Jolith är ett levande bevis på detta. Hon använder vår magi för att växa och frakta oss på starka vingar genom rymden. Men vi ska vidare på vår upptäcktsresa."

Det går inte att tala om städer här, även om varje ansenlig ansamling hus på jorden kallas stad. Jag vill hellre använda ord som samlingsplatser eller träffpunkter. De byggnader som finns består av skolor, konsertsalar, bibliotek och rådhus. Dessa byggnader tjänar enbart kulturella och utvecklande syften. Shala och jag gjorde en snabbresa som gav mig en sammanfattande bild av det mesta som finns på vår kosmiska karta.

Säkert har mina läsare undrat över hur Mästarna och änglarna bor och hur världarna i övrigt är uppbyggda. Ni vill veta hur invånarna lever sitt dagliga liv eftersom ni alltid måste tänka i jordiska termer. Det finns inte dag och natt i dessa världar, men det finns vila. Alla har rätt till stillhet och vila närhelst de önskar det. Eftersom tid inte finns och inte heller dygnsindelning, kan vi kalla vår tillvaro här för ett *evigt vara*. Det låter kanske trist i människoöron, men jag försäkrar er att det är ett ytterst spännande, aktivt och trivsamt "vara".

Om vi vill gå husesyn hos änglarna så får vi ett väldigt schå. Bostäder för änglar och Mästare är de hem som var och en skapar åt sig, i ett rikt och skiftande landskap. Både de eteriska och astrala världarna inryms i gigantiska naturområden som till synes varken har början eller slut. Inom dessa områden kan vi skapa oss den omgivning som vi trivs i. När man har tröttnat på den gamla omgivningen, som många skapar efter sitt sista hem på jorden, går det lätt att upplösa den. Sedan kan man bygga nytt eller välja en ambulerande tillvaro. Det finns stora vackra anläggningar, som ni väl närmast skulle kalla för "hotell", utplacerade lite varstans. Det är svårt att beskriva dem annat än som ett förnämligt kollektivt boende, dit alla är välkomna och där det alltid finns ett bekvämt rum att dra sig tillbaka till så länge man önskar. Om man vill ha sällskap finns både större och mindre samlingsrum och meditationsrum. Det är svårt att beskriva den eteriska världen närmare än så, eftersom den är så föränderlig.

Astralvärlden är indelad i många riken, vi har dock bara tagit med de viktigaste. Man kan säga att Astralvärlden är något mindre eterisk än Änglarnas och Mästarnas riken. Det finns också en annan skillnad: i den eteriska världen är det inte nödvändigt med någon som helst gestaltning. Det är frivilligt och helt anpassat till individuella önskningar. Men för mig känns det alltid lite konstigt när någon osynlig själ pratar med mig. Jag föredrar både att själv vara synlig och att umgås med synliga vänner. De osynliga själarna visar sin närvaro som en ljusstrålning. Ibland tar ljuset form och blir en gestalt. Det kan jag också prestera, därför att det är praktiskt ibland, särskilt om man har ett uppdrag på jorden. Själen utstrålar alltid en aura, som är mer eller mindre blek. Om man inte vill bli sedd förflyttar den sig helt behändigt i golv- eller taknivå.

Jag har använt mig av ordet "skola" i olika sammanhang: Änglaskolan, Astralvärldens skolor etc. Vad jag benämnt "skolor" motsvarar absolut inte de fysiska skolorna på jorden. Jag har bara utgått från skola i betydelse av en plats där kunskap inhämtas. Den astrala världens skolor sköter utvecklingen av människosjälar. När en själ i Ingenmansland ber om att få komma vidare, så hamnar den omedelbart i en sådan skola. Där utvecklas själen mot det mål den själv önskar, i samråd med hjälpande änglaväsen.

Änglaskolan i den eteriska världen har en annan uppgift, men det har jag redan berättat. Den utbildar och utvecklar de väsen som beslutat sig för att inte inkarnera mera utan vill gå vidare inom ett område som de själva väljer. Där undervisas till exempel de olika själsgrupperna om sin kollektiva uppgift och sina individuella uppdrag, som kan innefatta en jordisk mission. Adepterna i ljusstaden Shamballa i Mästarnas rike, behöver mycket lång tid av förberedelser i Änglaskolan innan de kan tillgodogöra sig den högre undervisningen.

Mitt i vår husesyn kände jag en plötslig törst.

"Det går väl inte att dricka någonting här?" sa jag nästan skamset till Shala. Hon skrattade.

"Varsågod, vi serverar både mat och dryck," sa hon. "När vi önskar inta föda eller dryck skapar vi den. Det vi sväljer är av en sådan karaktär att det absorberas direkt i våra eteriska kroppar och upplöses utan att lämna några spår efter sig."

Hon räckte mig en bägare från ingenstans och jag drack begärligt. Det smakade underbart gott och kändes uppfriskande.

"Jag trodde att du hade lärt dig det här nu," bannade Shala. "Du är din egen skapare och dina önskningar blir uppfyllda inom rimliga gränser. Om vi vill promenera i vacker natur, så gör vi det. Vill vi förflytta oss snabbt så gör vi det med tankens kraft."

Jag har redan förut nämnt att "sjukhusen" här är till för

sovande själar som behöver upplysande och hjälpande behandling. Många som gått över tror sig fortfarande vara sjuka och kan inte lämna sina jordiska problem. Vi har skickliga helare. Många av dem har varit läkare på jorden och fortsätter att hjälpa människor både här och via jordiska medier.

Det finns inget särskilt rike för återförening av själar. Detta kan ske i alla världar. Det hör till det första själarna frågar efter när de kommit över. "Får jag träffa min hustru, make, mor eller far etc." Ibland sker omedelbara återföreningar. Ibland dröjer det länge - den saknade kan åter ha inkarnerat. Här är det ju så att den individuella själen utvecklas efter önskan och förmåga, helt oavhängigt av sitt senaste jordeliv. Det måste ske en frigörelse från de närstående, även om det känns svårt. Vi kan inte vara beroende av ett starkt bundet känsloliv, knutet till någon annan person än vår egen dual. Men det händer faktiskt att vi får hit "Romeo och Julia-fall". Vi låter dem då vara tillsammans en tid tills de förstår att de är unika själar som var och en måste välja sin egen väg. Om det råkar vara så - och det händer ganska ofta - att de tillhör samma själsgrupp, får de fortsätta i den gemenskap och allkärlek som finns där. Människor som behöver reda ut gemensamma problem för att kunna gå vidare får hjälp av änglarna. Här har musiken också läkande inverkan.

När det gäller Vetenskapens rike, som vi fladdrade in i och lika fort kom ut ifrån, är det alltför komplicerat att gå närmare in på. Det är ett rike där det föds idéer och där dessa idéer provas praktiskt i eterisk form. Jag har aldrig legat åt det vetenskapliga hållet, men jag beundrade de sköna offentliga byggnader som var och en var ett arkitektoniskt mästerverk.

Vetenskapens rike fick mig att fråga Shala vad ordet "religion" innebär på de här breddgraderna!

"Religion," fnös hon, "är inte tillåten här. Hur skulle det se ut om alla själar tillbad sina olika gudar? Här finns bara *en* Skapare, så vad ska vi med en massa religiösa symboler till? Er Kristus är under namnet Sananda verksam i Shamballa. Han ingår också i det Galaktiska Rådet tillsammans med Buddha och många andra högt utvecklade andar. Vi har inga kyrkor, inga moskéer eller synagogor.

"Ordet religio innebär att dyrka Gud och samlas kring honom. Det kan man göra under hela Universums tak - det behövs ingen särskild byggnad till det!"

Banketten

"Jag hoppas du har haft en lärorik stund med Shala," sa Zar och omfamnade mig. Vi har ordnat en bankett till din ära. Du ska få möta Ärkeänglarna och Elohim.

"Det är väl samma sak, eller hur?" frågade jag.

"Visst inte," svarade Zar. "De sju Ärkeänglarna - som förresten numera utökat sitt antal till nio - och de sju Elohim har helt skilda uppgifter. Kom med till bankettsalen så ska jag förklara närmare för dig."

"Bankett till min ära," upprepade jag förvånad. "Det känns fel, för jag är en ganska blygsam man."

"Jag skojade litegrann," smålog Zar. "Men på sätt och vis är det sant. Änglarna älskar att ställa till med festligheter. Eftersom du är författare med uppgifter att förmedla härifrån var de inte sena att bjuda på fest."

Ska jag kalla byggnaden för en pyramid? Den var gigantisk och materialet var blandat guld och glas (i jordiska ord). Den hade pyramidform och så utgick det fyra små pyramider från vardera sidan. Hittills har jag tyckt att Blå Hallen och Gyllene Salen i Stockholms Stadshus är de praktfullaste rum jag sett. Nu ändrade jag uppfattning. Jag kan inte i ord beskriva en inredning som aldrig setts på jorden. Så måste det få bli ibland, en ordrik författare blir förstummad. Emellertid fanns där långbord med guldinvävda dukar och högryggade stolar. Porslin, glas eller bestick syntes inte till. Å andra sidan var jag inte särskilt hungrig. Man blev mätt av att se på all ståten.

Zar tecknade åt mig att sitta vid ena långsidan med honom, Shala och Jolith. När jag tittade upp mot det spetsiga taket långt däruppe såg jag inga lampor. Ett milt, underbart ljus strålade ner och färgade salen svagt rosa. Väggarna hade dubbla led av balkonger eller balustrader.

"Lyssna på mig," uppmanade Zar och klappade mig på armen. "Du undrade vilken skillnad det är på Elohim och Ärkeänglar. Ärkeänglarna arbetar mest av allt med jorden. Elohim har sina uppdrag riktade över hela vårt universum, över alla galaxer, planeter och stjärnor. Elohim administrerar vårt universum genom att arbeta med de styrande energierna i Helheten. Ärkeänglarna gör samma sak mera påtagligt med jorden, solen, månen och ett par andra planeter. Varför? Jo, för nu behöver jorden specialhjälp. Det gäller att rädda både jorden, den närmaste atmosfären omkring den och de närmaste stjärnbilderna, så att den komprimerade giftström jorden sänder ut i kosmos inte förstör allt omkring sig. Jag lovar dig att det är ett jättearbete de har påtagit sig. Men vi är många som hjälper till."

"Styr båda sortens ärkeänglar respektive gigantiska områden som någon slags hjälpare åt Den Store Anden?" frågade jag. "Är de världens och universums herrar?"

"Så du pratar!" utropade Zar och rynkade pannan. "Tänk inte i maktsymboler igen! Sådana tankar får inte finnas här. Vi bedriver ingen politisk organisation och ingen kosmisk maffia. Någon måste organisera och administrera, eller hur? Det har ingenting med makt att göra, bara med lag och ordning."

"Aha!" inflikade jag, som vanligt på bettet. "Vem stiftar lagen? Är det någon slags kosmisk Högsta domstol kanske? Lag och ordning låter katten så juridiskt."

"Du har skådat ditt upphov," svarade Zar tålmodigt. "Du skulle inte sitta här vid min sida om du inte från början hade *skapats*. Vem skapade dig, lilla gnista i världsalltet?"

"Den Store Anden förstås," svarade jag lite konfunderad.

"Och du kan inte möjligen tänka dig att han, när han skapade sitt universum, måste göra det med lag och ordning? Någonstans måste någonting förhindra kaos och det har varken med makt eller juridik att göra."

"Men sedan då?" försökte jag. "Alla de andra gubbarna som kom till? Var det inte redan då risk för diskriminering?"

Nu gav Zar till ett hjärtligt skratt och både Shala och Jolith instämde. Jag kunde inte alls förstå vad de hade så roligt åt. Jag försökte begripa vad lag och ordning betydde i universum. Det är inte så lätt när man har kvar några bitar av det jordmänskliga i sitt eteriska huvud. Jag lutade mig fram mot Zar:

"Hör du," sade jag i låg ton, "jag har hört några personer berätta om möten med änglar. En av dem talade om vingar, men de andra två tyckte att änglarna liknade vanliga människor. En av mina vänner räddades ur en bil som krockat med en bergvägg på en öde, slirig väg. En man som såg helt vanlig ut drog snabbt ut honom ur bilen innan den exploderade. När den gjorde det befann sig min vän långt bort från fordonet. Ändå visste han att krock och explosion kom samtidigt. Hur hade den främmande mannen lyckats få ut honom? Min vän trodde först att det var en skogsarbetare, men räddaren hade varit prydligt klädd i mörk överrock och filthatt. Ena sekunden fanns räddaren bakom min vän mitt i smällen - andra sekunden var han totalt försvunnen och den krockade bilen säkert 20 meter längre bort. Den enda förklaringen var att räddaren var en ängel!"

"Jag berättade nyss att änglar är kunniga i all slags vit magi," sa Zar. "Det händer ofta att änglar som finns tillreds i en nödsituation tar gestalt av vad du kallar en "vanlig" människa. Det är för att de inte vill skrämma den nödställde. Titta här!"

En ung pojke i vit skjorta och ljusbruna byxor kom fram och hälsade vänligt på mig. Han hade med sig en flicka i jeans och blommig skjorta. Pojken var blond och hade ett öppet skandinaviskt utseende. Flickan var rödhårig med fräknar på näsan och okynniga blå ögon. De såg oerhört jordiska ut. Var det nykomlingar i den här världen?

Jag hann inte tänka ut tanken förrän de båda ungdomarna inför mina förvånade ögon förvandlades till väsen i ljusa, pastellfärgade dräkter liknande den jag själv bar. Från deras smala ryggar växte långsamt enorma vita vingar ut! Jag hade lärt mig att sådant kunde ske, men aldrig sett det förut. Jordens trollkarlar skulle ha blivit gulgröna av avund!

"En liten föreställning bara för dig," skrattade Shala. "Du har så svårt att förstå ibland, så vi måste handgripligen visa dig! Lika snabbt som de här två omvandlades kan de utföra räddningsaktioner, förutsatt att de nödställda *ska* fortsätta att leva."

Förbryllad, men också uppfylld av spänning och glädje, upplevde jag denna enastående bankett. Änglar inte bara finns, de är ett faktum att räkna med i hela vårt universum - och i andra universa. De lever i en värld som är fulländat skön. Änglarna har sina uppgifter inom otroligt många områden, som var och en av dem utför i fullkomlig, villkorslös kärlek. Många goda människor på jorden förs direkt till Änglavärlden när de dör. De blir, om de själva vill, skyddsänglar eller hjälpänglar. Men det finns även många andra "utbildningar" att välja på.

"Många goda människor blir änglar," kommenterade jag Zars långa utläggning om änglar. "Jag tycker inte jag är särskilt god eller har varit det i min sista inkarnation. En rackare var jag och skälla kunde jag..."

"Tyst Jan!" manade Zar. "Det är inte din yttre människa vi frågar efter. Det är inte den som sitter här nu. Ingen som verkligen vill hjälpa till i de här världarna är för ringa eller okunnig. Men medmänsklighet och kärlek fordrar vi, även om den ibland sitter så djupt att vi får använda hovtång för att dra ut den."

Plötsligt reste sig alla upp från borden och sjöng något som i mina profana öron lät som "Hell!" och "Kyrie eleison". Det kändes högtidligt i alla fall. Från en av balkongerna högst upp, nära pyramidens tak, gick en trappa ner i salen. Utför den skred en grupp blåklädda gestalter. Mitt hjärta började banka häftigt utan att jag förstod varför. Gruppen gick genom leden av bord rakt mot det mittersta där vi satt.

"Titta på din dräkt, Jan," viskade Shala.

Jag såg ner på manteln jag bar. Man kunde lika gärna kalla den burnus, tänkte jag, en sådan där fotsid kappa med snodd om midjan. Jag har alltid undrat över hur araberna även i nutid kan stå ut i sådana dräkter. Tänk om de måste springa? Vad har de under? Nåja, här kändes manteln lätt och naturlig, så jag klagade inte. Min var lysande blå. Jag upptäckte att min mantel var den enda blå inom synhåll, förutom den blåklädda guppen som närmade sig vårt bord. Det var ju lite konstigt, förstås.

Gruppen stannade framför mig. Musiken tystnade. Det var andlöst tyst i hela salen. Jag granskade dessa väsen som utgjordes av både män och kvinnor i likadana blå mantlar som min. Jag fick en chock. Jag kände dem ju. Vartenda ansikte som log mot mig tillhörde en kär vän som stått mig nära. Jag föll i gråt och omfamnade dem en efter en.

"Här är din själsgrupp, Jan," hörde jag Zar förklara.

Min själsgrupp! Mina käraste, bästa vänner! Människor som jag levat tillsammans med både här och på jorden. Återseendets glädje blev nästan för mycket för mig. Men de satte sig alla vid vårt bord och banketten fortsatte.

Nu mindes jag. Det var som om en slöja föll från mina ögon och jag förstod vart jag hörde, vem jag var. Dessa människor - ty för mig var de människor - och jag hörde samman med oupplösliga band. Vi var en stor grupp, men alla fanns inte med, en del var kvar på jorden. Nu mindes jag var och en av dem, vad de hade betytt för mig, varför vi inkarnerat tillsammans och vilka underbara planer vi haft här för nästkommande liv. Våra storslagna planer hade vi inte lyckats genomföra på jorden, där vår jordiska vilja, våra jordiska skillnader i karaktär och uppträdande gjort oss främmande för varandra. Ibland hade vi dock stått varandra oerhört nära, sammanknutna av ett minne som vi egentligen inte hade. Det fanns på djupet, men djupet var grumligt.

Jag förstod nu också intuitivt att mitt jordiska medium hörde till denna grupp och att hon därför var så flink att uppfatta mig. Vi visste allesammans att det inte var säkert att vårt budskap, som vi tog med oss härifrån, skulle komma fram under jordelivet och att vi då måste börja om igen. Vi hade bestigit berg tillsammans, både fysiskt och psykiskt. Vi visste också att vi kunde påverka och hjälpa dem av oss som lever kvar på jorden nu.

Det var för underbart för att vara sant! Jag grät och skrattade och vi pratade i munnen på varandra utan att säga ett ord. Det blev så att säga ett ljudligt tankeutbyte. När man vant sig att kommunicera telepatiskt märker man faktiskt inte skillnaden.

Min själsgrupp skiftade i olika blå nyanser. Alla ansikten var så tydliga, så välkända, så älskade. Inte så att vi alla var släktingar eller närbesläktade. Jag kunde bara finna en släkting som stått mig nära i min sista inkarnation men som dött en förtidig död: min älskade syster Karin. En sådan glädje att hon fanns med bland de blå!

Om själsgrupper och tvillingsjälar

Och vad är då en själsgrupp? Det är något så viktigt, käre läsare, att du måste ta in och förstå varje ord jag säger nu:

En själsgrupp är en grupp människor på mellan 25 och 50 personer. Alla är änglar på den här sidan men har inte säkert fullgjort sin karma på jorden. Ofta tas en grupp ut ur själsgruppen och får i uppdrag att inkarnera på jorden under ungefär samma tidsperiod. En del blir yngre, en del äldre, men förr eller senare möts de och känner igen varandra. Känslan av igenkännande dem emellan är mycket stark. I nuvarande tid på jorden har många sådana grupper i flera länder mötts och börjat förstå att de ska hålla samman och att de har en uppgift.

Det är svårt att förklara detta utan att skilja på hur pass mycket medvetandet utvidgats och vilka som stampar på samma fläck. Många faktorer spelar in, men allra mest människornas eget tänkande. Det finns personer som tillhör en själsgrupp, men som av olika anledningar blockerar sitt tänkande och därigenom isolerar sig från de andra. Då är det viktigt att någon från gruppen känner igen dem och hjälper dem att vakna. I Änglarnas rike i den eteriska världen blir de alltid återförda till sin själsgrupp när de går över. En del kanske behöver lite mer utbildning innan dess för att återerinringen ska fungera. Det behövde jag.

Det är ganska klart att för att komma från jorden direkt till den eteriska världen behövs det ett starkt förhöjt medvetande. Det är inte säkert att alla som skryter med sina kontakter med Mästare och Ärkeänglar (för fint ska det vara!) verkligen har detta förhöjda medvetande. Det kan hända att dessa "falska profeter" tillhör en själsgrupp och känner saknaden efter den utan att förstå vad de letar efter. Så kommer egot in i bilden och det blir lätt att komma på fel spår. En del själsgrupper arbetar ofta med att försöka leda sina vilsegångna får rätt både före och efter övergången. Just nu har det hänt positiva saker, eftersom människor börjar vakna mer och mer. Själsgrupper har lyckats påverka sina systrar och bröder på jorden så att det har skett igenkännanden. Detta har många gånger resulterat i gruppbildning. Det kommer en ny tid på jorden och då ska dessa grupper hålla i de levande traditionerna, sambandet och gemenskapen med sina själsfränder här. På detta sätt bildas många grupper som förstärker banden mellan himmel och jord. De änglar som finns i själsgrupperna kan även vara knutna till andra planeter.

Tillhör alla människor en själsgrupp? undrar säkert läsaren. Svaret är nej. Har du ställt dig frågan "Vem är jag och vad vill jag med mitt liv?" så kanske du är nersänd till jorden med ett uppdrag från kompisarna här. De som tillhör en själsgrupp utgår alltså från Änglariket och ingen på jorden vet med säkerhet om han/hon hör dit. Det är hela tiden en fråga om intuition eftersom det undermedvetna sitter med esset i näven.

Vad kan en jordisk själsgrupp åstadkomma, om några av dem lyckligen återfinner varandra? Svar: meditation, hjälparbete i form av healing och samtal. Man kan tänka sig gemensamma aktioner av olika slag och inte minst ett nätverk mellan grupperna. Det är svårt att ge råd, eftersom så få människor vet om att de tillhör en själsgrupp. Men i städerna behövs mycket sådant arbete. Städerna förstör människorna. Sakta men säkert måste en utvandring ske till natur och naturligt leverne. Naturen spelar en framträdande roll i människans utveckling, ty lever man i samklang med den blir man mera lyhörd för de budskap som kommer från en själsgrupp.

I Änglariket betecknas de olika själsgrupperna med färger eller symboler. Som jag nämnde förut kan medlemmarna vara ganska många. Men tänk er att sju, åtta stycken känner igen varandra på jorden och vet att de hör ihop. Vad som då kan inträffa är att en medlem påstår att hennes bästa väninna också tillhör gruppen, men det vill inte de andra acceptera. Det går alltså inte att bilda själsgrupper på jorden. Endast ett oåterkalleligt, odiskutabelt igenkännande inifrån två medlemmars djupaste hjärtkamrar är ett säkert tecken på samhörighet. Kommer en tredje till så måste den personen känna likadant för båda de andra och vice versa. Det är lite komplicerat, eller hur?

Ytterligare en viktig sak är den jordiska missuppfattningen om tvillingsjälar. Redan under mina sista levnadsår, på 1960-talet, var uttryck som "tvillingsjäl", "dual" och "tvillingflamma" populära. Låt mig få ge dem en ny tolkning som används här.

Själsgruppens medlemmar följs åt under århundraden, ja årtusenden, och blir oupplösligt sammanlänkade med varandra, vare sig de lever här eller på någon annan planet. Vad är då naturligare än att det igenkännande som sker när två personer av olika kön från samma själsgrupp möts någon annanstans än här, tolkas som ett bevis på att de är tvillingsjälar? Här är vi tvillingsjälar allesammans, men jag föredrar att kalla det bröder och systrar. Dualer är något helt annat. Varje människa är dual, dvs. ett manligt och ett kvinnligt väsen som sällan går ner till jorden samtidigt.

Jag sa att här är vi alla tvillingsjälar. Det var inte helt rätt. Varje individ behåller sin individualitet här. Vi är lika sammansatta som ni och ofta drar vi för en tid med oss de ärftliga betingelserna när vi går över. Man väljer ju sina föräldrar på jorden. Det gäller att vara vaken och ha kraft att stå emot de negativa kvaliteter som finns i arvsmassan. Hur många kan det - själsgruppsmedlemmar eller inte?

Det går inte att beskriva hur resten av tillvaron förflöt för mig i den ljusa, melodiska och kärleksfulla atmosfären i Änglapyramiden. Jag blev åter ett med min själsgrupp. Till slut måste vi dock ta farväl av varandra, eftersom jag fortfarande var elev i Änglaskolan, men Zar tröstade mig.

"Du får snart återförenas med din själsgrupp," lovade han. "Men om du ska kunna beskriva din tillvaro här för dina läsare, är du tvungen att resa med oss ett tag till."

12. Möte med Mästaren Djwal Kul

Det finns en makalös stad i den eteriska världen. Det har talats och skrivits mycket om den genom tiderna, och oftast har den kallats "Den gyllene staden". Inte ens Joliths mjuka vingar var nödvändiga för att föra oss dit. Den gyllene staden Shamballa gränsar till Änglarnas rike och efter vad jag kan förstå utgör den gigantiska staden ett helt rike för sig. Den är centrum för det Stora Vita Brödraskapet och alla andra höga Mästare. Shamballa är det gudomliga sätet för sanning, visdom och kärlek.

Det var inte svårt att komma dit, sa jag nyss. Jag blundade och Zar fattade min ena hand och Shala den andra. Jag öppnade ögonen och vi var framme. Ett gyllene dis omgav oss på alla sidor. Genom diset skymtade jag höga, vackra byggnader som vida överträffade både den gamla romerska och grekiska arkitekturen. Nyss hade jag tyckt att den fantastiska glaspyramiden i Änglarnas rike var ett arkitektoniskt mästerverk, men nu stod jag mitt i en stad fylld av sådana. Gatorna var belagda med ett gult, skinande material som liknade guld. Byggnadernas färg och form varierade, men varje konstruktion bildade tillsammans med omgivningen ett utsökt mönster. Överallt sorlade springbrunnar och mångfärgade blommor spirade upp ur välordnade rabatter. Graciösa blommande träd bildade oaser av skugga och väldoft. Det fanns bänkar och bord och vi slog oss ner i en berså. När jag lyssnade tyckte jag mig höra havet brusa i fjärran. En silverfärgad örn flaxade högt ovanför våra huvuden och kom mig att tänka på de höga bergen därhemma.

"Du ska då alltid göra jämförelser med jorden," bannade Shala. "Här finns också hav och fjäll och skogar - allt vad du vill! Shamballa är ett smycke som lagts mitt ute i naturen. Men staden är också ett tillhåll för de högt utvecklade själarna, t.ex. Sananda, Melchizedek, Buddha, Lord Maitreya, lord Maha Cohen och många flera."

"Brukar inte några av dem gå ner på jorden och materialisera sig?" frågade jag.

"Det händer ibland," svarade Zar. "Det finns trovärdiga personer på jorden som upplevt Mästarnas välsignade budskap."

"Vad har de för sig egentligen?" frågade jag lite vanvördigt.

"Möts de bara här och pratar om hur förskräckliga människorna är?"

Shala satte handen för munnen. Det gjorde hon alltid när hon fnissade.

"Om du anar allt arbete som utförs i denna stad skulle du ändå inte kunna fatta det," sa hon milt. "Mästarna är enastående administratörer. Tillsammans med Den Store Anden och Änglariket är de vårt hopp om att kunna rädda jorden."

"Jag förstår inte att Moder Jord inte redan är räddad när så höga och mäktiga krafter jobbar med henne," vågade jag invända.

"Kom, Jan!" befallde Zar och räckte mig handen. "Du och jag måste ut på en resa tillsammans och det tycks vara dags för den nu."

Han förde mig till ett av de närbelägna husen. När vi kom innanför porten tyckte jag mig vara på en järnvägsstation. Jag såg ingen räls, men det fanns ingångar till flera tunnlar.

"Det här var värre än tunnelbanan i Stockholm," muttrade jag när Zar förde in mig i en av tunnlarna. Jag tänkte som jag brukar: ska man ut på ruggigheter så är det skönt att man redan är död!

Resan till jorden

Tunneln var väl upplyst. Det stod fordon parkerade vid ena sidan. Zar drog fram ett av dem och jag förundrades storligen. Vagnen liknade dem man åker berg-och-dalbana med på Gröna Lund, även om den var betydligt bekvämare. Det fanns endast plats för två personer och man sjönk djupt ner när man satte sig. Man satt som i en liten glasask med tak över sig och fönster runt omkring. Zar spände säkerhetsbälten om oss och så tryckte han på en knapp framför sig. Som skjutna ur en kanon for vi iväg i en tunnel som tycktes vara oändlig. Zar sneglade på mig och småskrattade.

"Det finns ingenting farligt här," försäkrade han. "Vi åker i en tunnel under jorden."

Mycket fanns inte att se och den svindlande resan gjorde mig sömnig. Jag vet inte om det hade gått en eller tjugo timmar när vårt fordon stannade. Vi befann oss fortfarande i tunneln och jag kände mig ganska omtumlad. Även eteriska kroppar kan bli knäsvaga!

När vi kom ut genom vad jag senare förstod var en öppning i bergväggen, bländades jag av dagsljuset. Zar drog med handen över mina ögon och strax mådde jag bättre.

"Vårt tunnelnät sträcker sig under markytan runt hela jordklotet," förklarade han. "Nu befinner vi oss i Tibet."

Ett ovanligt men betagande vackert landskap bredde ut sig framför oss. Vi stod på en klippavsats med en uthuggen trappa som ledde ner i dalen. En flod rann rätt igenom dalgången och krökte sig i en skarp sväng just där vi kom ut. Smäckra träd klättrade uppför de grönklädda sluttningarna. En båt låg förtöjd rätt nedanför oss och på en utskjutande del av klippan låg ett litet hus. Längre bort skymtade vi ett par större byggnader. Det var en enslig plats, men ändå kändes den full av liv och glädje.

"Har vi åkt tunnelbana från det eteriska planet till jorden och vidare under jordskorpan?" frågade jag konfunderad. "Och så har vi hamnat i Tibet?"

"Javisst," svarade Zar glatt. "Du märkte aldrig övergången, du sov så gott. Man går igenom ett dimfält, ungefär som när man flyger, och så är man på jorden. Det här är ett fysiskt landskap, Jan. Vi ska hälsa på en gammal Mästare. Han har en hel del att lära dig!"

En äldre småväxt man kom ut ur det lilla huset på klippan. Han omfamnade först Zar och sedan mig. Jag fick böja mig långt ner för att han skulle komma i kramhöjd.

"Välkomna till min lilla oas!" sa gubben och log med hela ansiktet. Vacker var han inte, men sällan har jag skådat så underbara ögon som hans och hela hans lilla figur utstrålade kärlek och glädje.

"Mitt namn är Djwal Kul," fortsatte Mästaren och bjöd oss att stiga in i huset. Det var större än det hade verkat utifrån. Där fanns ett stort bibliotek som jag gärna hade velat titta närmare på, men Djwal Kul bjöd oss att sitta i ett litet rum intill, där det fanns en bekväm sittmöbel och ett jättestort fönster med utsikt över floden och bergen. Det kändes som om man satt mitt ute i flodens forsande vatten.

"Jaså," sa den lille Mästaren och tittade på mig med sina stora sneda ögon. "Jaså, du undrar vad vi Mästare gör. Och nu undrar du förstås vad en gammal fuling som jag sysslar med här i ödemarken."

Jag nickade. Ibland när jag pratar ramlar det grodor ur munnen på mig och det ville jag inte just nu.

"Vi är flera Mästare från Brödraskapet som har fysiska boningar i den här dalen," fortsatte Djwal Kul, "men vi befinner oss inte alltid i fysisk form."

Han satte fram tre små koppar med starkt sött te och ett fat med läckra små bruna bröd. Jag högg genast in på ett, även om jag måste låtsasäta.

"Vi reser omkring i tunnlarna och tar oss dit där vi behövs, förklarade den tibetanske Mästaren. Ibland är vi i Shamballa eller på Sirius. Vi arbetar hårt, min unge man! Det gör alla i den eteriska världen, vare sig de är änglar eller Mästare. Många av oss är lärare. Andra är energivårdare, energiskapare eller energirenare. Vi har alla uppdrag att utföra. Det kan gälla jorden eller någon annan planet. Vi utövar påverkan i positivt syfte både på människor och grupper. Vi inspirerar författare, något som du borde känna till, och vi försöker rädda utdöende kulturer. Vi arbetar inte bara med meditation utan också med praktiskt fysiskt och psykiskt arbete. Många av oss har hemliga tillflyktsorter liknande den här på jorden. Vi vilar sällan. Överallt behövs det goda energier, frekvenser av olika slag och strålning."

"Det där förstår jag inte alls," utropade jag. "Om ni påverkar människor med allt det där så måste det hända saker!"

"Gör det inte det då?" var den milda frågan.

"Äsch," svarade jag, "den naturliga utvecklingen i en människohjärna kan ni väl inte inverka på? Den drivs väl av människans fria vilja, eller hur?"

"Du känner säkert till allt om människans olika chakran," svarade den lille orientalen tålmodigt. "Ytterst få människor vet hur de ska göra för att fylla sina chakran med kraft. Trots att chakran är detsamma som kraftcentra så fungerar de sällan som de ska. Det finns vissa övningar som måste göras regelbundet. Människorna vägrar envist att arbeta med sitt tänkande. Ändå är det tänkandet som styr dem, som väcker upp slumrande chakran och med dem potenser som legat i träda. Medvetenheten om att man kan aktivera sina tankar är ännu alltför oklar. Några få människor på jorden kan göra det och försöker lära ut det, men mottagandet är för svagt och onyanserat.

"Så många vet att tankar är skapande. Tankar skapar med oerhörd kraft om de hämtas ur den rätta källan. När jag nämnde strålning förut så menade jag tankestrålning. Det anses som en viktig vetenskap av oss bröder i Det Vita Brödraskapet. Varje tanke innehåller vissa potenser. Varje potens innehåller ett kvantum kraft. Om man delar upp potenserna i två olika tankar får man en väldig skillnad i kraften. Ta t.ex. en enkel tanke: "Var har jag lagt min penna?" och jämför den med "Jag förlitar mig helt på det gudomliga och får strax igen min penna!" I den ena tanken finns rädsla och irritation. Sådana känslor utplånar kraften. I den andra tanken finns fullkomlig tillit och visshet om att få tillbaka pennan utan att kräva något eller känna oro."

"Det var lärorikt," suckade jag. "Men människan minns inte att hon kan tänka kosmiskt när hon saknar sin penna. Just då är hon bara arg för att den är borta. Vem talar då om för henne hur hon ska tänka?"

"Det gör jag, det gör de andra Mästarna, det gör änglarna. Det står om detta i många böcker, Jan," svarade Djwal Kul snabbt. "Men du har rätt på ett sätt: det är mottagandet av budskapet som ska bearbeta, och minnet. Det är vad vi använder strålningen till. Den fria viljan har lov att säga sitt. Därför kan vi inte påverka hela mänskligheten, det måste göras i små portioner så att människan reagerar med sina tankar. Hon måste själv komma till insikt om vad tänkandet betyder och hur hon kan använda det i det dagliga livet."

"Jag påverkar mitt medium på jorden med mina tankar," anmärkte jag. "Det är ju så jag skriver mina böcker nu, genom ett medium. Men kan hon påverka mig också?"

"Det får vi hoppas att hon inte kan!" utbrast Djwal Kul och alla tre började vi skratta.

"Rätta tankar har en enorm genomslagskraft," påpekade Zar. "Har du aldrig befunnit dig i ett ögonblick av euforisk lycka, Jan?"

"Jovisst," svarade jag med eftertryck och log när jag kom att tänka på vissa av de ögonblicken.

"Jag talar inte om sex," invände Djwal Kul försåtligt. Han hade förstås tankeläst min lilla minnesflykt. "En naturupplevelse, ett musikstycke och ett uppskattande ord från en vän kan också orsaka euforiska känslor. Men låt gå för sex då! I utlösningsögonblicket lyfts människan och tanken svindlar. Tanken vibrerar och allt flyter samman i ljus. Det visar en del av den kraft jag menar. Mirakel är endast bevis på tankens kraft över materien. Alla de som till fullo har begripit detta har kunnat utföra mirakel."

"Jag tycker det är ett mirakel att du kan hoppa ut och in i din fysiska kropp," påpekade jag med ett stänk av beundran. "Eftersom det här landskapet är fysiskt och finns på riktigt, och du knallar omkring här och ser alldeles jordisk ut, måste du ju kunna förändra din fysiska kropp som du vill - eller den eteriska? Det där fattar jag bara inte!"

"Hur tycker du att jag ser ut?" frågade Zar. "Fysisk eller eterisk?"

Jag tittade på min käre ledare och vän. Han hade bestämt bytt kläder medan jag pratade med Tibetanen. Zar var klädd i en vit välskräddad kostym, eleganta spetsiga vita skor med silverspännen och bredvid honom på stolen låg en tropikhjälm. Den vita skjortan var öppen i halsen och blottade ett underbart vackert smycke: en stor blå safir omgiven av briljanter.

"Du ser ut som en lord, Zar," utropade jag. "När... hur... bytte du?"

Jag såg ner på min egen kropp, men den var fortfarande iförd den blå "nattskjortan". Varför var jag inte lika jordiskt klädd som min ledare?

"Jag *är* en lord!" svarade Zar med ett brett leende. "Lord Zarayan är mitt riktiga namn, men det använder jag sällan. Jag bytte om när du var fördjupad i samtal med vår värd. Jag bytte inte bara kläder, jag bytte till min fysiska, jordiska kropp!"

"Nej, nu blir jag avundsjuk!" utbrast jag. "Här är jag osynlig och kan inte äta kakor, och ni är fysiska båda två. Det här går över mitt förstånd."

"Det ska strax införlivas med ditt förstånd," log Zar. "Både Djwal Kul och jag kan se dig fastän din kropp är eterisk, men vi är tränade till sådant."

Hur man materialiserar och dematerialiserar sig

"Jag hade ett mycket bestämt syfte med att föra dig till denna avlägsna plats av jorden, där min gamle vän och lärare bor," fortsatte Zar. "Jan, det är dags för dig att lära dig materialisation och dematerialisation. Du kallar dig "död" fastän du lever i högsta grad. Det finns några få personer på jorden som kan dematerialisera sina kroppar och besöka våra världar, men de är inte många. Det är svårare för en fysisk person att lära sig detta, för dig hoppas jag det blir en barnlek! Men det fordrar stor självdisciplin och mycket övning. Att materialisera sig för en stund som jag gjort är inte så svårt. Mästaren Djwal Kul har en gång lärt mig detta och nu tycker jag att han kan lära dig det också."

"Nu?" stammade jag, "får jag lära mig det *nu*?

"Javisst, min gosse," sa den gamle Tibetanen och lade sina tunna händer på mina ofysiska axlar. "Nu ska du bara noga lyssna till vad jag har att säga och göra precis som jag lär dig. Börja med att slappna av och sitt bekvämt i soffan. När man dematerialiserar en fysisk kropp bearbetar man sina celler att förändras till en speciell ljusenergi. Vi ska lära dig att göra precis tvärtom!"

Vad som nu följde är omöjligt att berätta i detalj, men jag ska försöka redogöra för själva förloppet så gott jag kan. Jag lyssnade hela tiden till Djwal Kuls mjuka gutturala stämma som uppmanade mig att utföra vissa tankemoment. Det började med att jag skulle tänka att hela min kropp, eterisk som den var, bestod av celler och i detta fall ljusceller. Han visade mig cellstrukturen mentalt och jag ombads hålla den kvar i tankarna.

Jag inpräntade alltså min kropps cellstruktur på näthinnan. Först såg jag den bara i ljus. Cellerna var tydliga men bestod ändå av idel ljuspartiklar. Ljuset övergick i rosa färg och sedan i ljusrött. Fortfarande såg jag hela strukturen helt klart, i formen av min egen kropp. Jag upprepar: min egen välkända kropp var som en kompakt, lysande figur av ljusröda celler.

Sakta bildade jag på Mästarens uppmaning en aura runt denna kropp i de vanliga aurafärgerna: rött, orange, gult, grönt, blått och violett. Jag såg mig själv som en slags skyltdocka gjord av celler och tätt omsluten av auran. Samtidigt *var* jag den skyltdockan.

Nu sänkte jag frekvensen. Det kändes som om jag stod mitt i en virvel som från sin våldsamma hastighet långsamt övergick i lägre och lägre varv tills den stannade. En stark värme genomfor mig och jag ombads lägga min hand i Zars och sedan öppna ögonen som jag hela tiden hållit slutna. Hela denna procedur föreföll timslång, men i själva verket gick den på ett par minuter. Jag stirrade på min hand som kändes annorlunda i Zars fasta grepp. Jag lade den andra handen på hjärtat och kände hur det slog. Jag var inte död eller ande längre! Den fysiske Janne var tillbaka på jorden igen. Och jag kände mig riktigt hungrig!

Mina båda lärare reste sig och hjälpte mig upp och jag stod på darrande ben. Jag vågade inte fråga hur länge den här tillställningen skulle vara, jag bara njöt. Eller vad var det jag kände? Jag inbillade mig kanske att jag njöt av att vara en levande människa igen. Men kunde jag bli mer levande än jag var i den eteriska kroppen?

Vi gick in i ett angränsande rum där en delikat vegetarisk måltid var uppdukad. Jag åt och drack med god aptit och jag märkte att mina lärare utbytte belåtna blickar och hade svårt att hålla sig för skratt.

"Efter maten måste du återgå till det eteriska tillståndet," sa Djwal Kul. "Den fysiska Jan ska lära sig att gå tillbaka till sin ofysiska tillvaro, för där är din rätta plats. Hur känns det förresten att vara klädd som vanligt?"

Det hade totalt undgått mig att jag var iförd ett par ljusa byxor och en vit skjorta. Ovanpå detta bar jag en vacker broderad väst.

"Högsta mode just nu," nickade Zar när han såg min förvåning. "Vi har förstås fuskat litegrann och hjälpt dig med klädseln. Du kan inte lära dig allt på en gång, men vi hade faktiskt roligt åt att du ingenting märkte. Det bekräftade att du var hårt koncentrerad på cellbildningen. Nu ska du strax lära dig att koncentrera dig lika hårt på att upplösa cellerna."

Först kände jag mig lite besvärad av att de två mästarna haft roligt på min bekostnad, sedan skrattade vi gott tillsammans. Tiden gick alltför fort i deras underhållande sällskap och snart var det åter dags för min nu fysiska person att inta en avslappnad ställning i soffan. Jag försökte tugga extra länge på den sista vindruvan, men det hjälpte inte.

"Nu ska du återigen se hur din kropp består av ljusröda celler och att den är omgiven av auran," sa Djwal Kul. Det är mycket viktigt att du ser auran tydligt. Visualisera aurafärgerna men också magnetfältet som finns närmast din kropp. Det är som ett fält av ljusgul energi. Magnetfältet hör till din fysiska kropp. Visualisera hela tiden dina chakran och fyll dem med respektive ljusfärger. Se hur din cellstruktur bleknar i färgen och övergår i rent ljus. Dra detta ljus i den form jag visar dig här: först genom magnetfältet och sedan uppåt genom hela auran. Styr det sedan inåt tills auran "uppslukat" cellerna. Nu finns bara din ljuskropp kvar. Förstår du?"

Det var inte lätt att förstå, men alltsammans gick mycket sakta och jag koncentrerade mig länge på de olika momenten. Det kändes som om jag sögs uppåt eller inåt, men jag kände inte att jag försvann. Jag var hela tiden medveten om vad som skedde och "kände in" mina lemmar och min övriga kropp hela tiden. Kroppen fanns alltså kvar men den blev allt lättare och rörligare. När man dör vet man inte hur övergången från fysisk till ofysisk kropp sker, och det var svårt att förstå hur min kropp kunde ligga begravd i jorden och så bli fysisk igen på en hemlig plats i Tibet. Men nu var jag återigen Jan - ängel i blå långskjorta!

"Den kropp du hade i din senaste inkarnation har multnat i jorden," förklarade Tibetanen när han såg frågorna i mitt arma huvud. "Du var tvungen att ge dig själv en ny fysisk kropp. Det var naturligt för dig att materialisera fram en kropp som liknade den du sist hade på jorden. Den var förstås yngre och friskare därför att de surrogatkroppar vi av olika skäl skaffar oss måste vara i gott skick.

Alla kan inte vara uppståndna Mästare, även om uppståndelse håller på att bli ett populärt uttryck i jordiska munnar. Den tiden kommer när en del människor får lov att lämna jorden och ta med sig sin kropp. Men det är en annan historia."

"Så småningom kommer du att lätt kunna förflytta dig i materien och gå ut och in i din eteriska kropp vid behov," konstaterade Zar. "Men du får aldrig räkna med någon lång vistelse i den fysiska världen, det klarar surrogatkroppen inte av. Du får uppdrag som du ska utföra, sedan kommer du tillbaka."

"Jag såg en film en gång, som hette *Bortom horisonten*," svarade jag. På slutet följde en eterisk kvinna med sin älskade tillbaka till den fysiska världen, men hon förlorade genast sin fysiska kropp och åldrades säkert hundra år på ett par minuter. Nu begriper jag varför. Kanske författaren till boken och filmen hade mer kunskap än jag anade då. Nu väljer jag gärna att inte återvända till jorden någon längre period. Jag trivs alldeles förträffligt på "andra sidan"."

"Bra!" utropade Zar med eftertryck. "Ta då farväl av vår värd så återvänder vi hem."

13. Tillbaka till Shamballa

Väl tillbaka genom tunnlarna till Shamballa trodde jag först att allt jag upplevt hos Tibetanen var en dröm. När jag delgav Zar mina funderingar skrattade han gott och talade om för mig att mina upplevelser varit så realistiska som en resande i två världar kan önska sig. Drömmarnas värld hade jag för länge sedan passerat, och den verklighet som den eteriska världen erbjöd tycktes mig mer levande än det fysiska jordelivet.

När Shala mötte oss i Shamballa omfamnade jag henne särskilt innerligt för att känna efter var jag egentligen var. Skrattande lösgjorde hon sig från min krampaktiga kram och sa:

"Vad har du varit med om? Du har ju bara varit borta ett ögonblick!"

Hade jag ändå så mycket kvar i mig av den jordiske Jan att jag inte anpassat mig till tidsrytmen här? Var min förvirring tillfällig?

"Din reaktion är helt naturlig," tröstade mig Zar. "Du har upplevt något ganska omstörtande, och din kropp har ännu inte lärt sig att följa cellstrukturens upplösning och återstabilisering och vice versa. Det finns olika nivåer av materialisation. Du har lärt dig den första. Det har påverkat ditt sinne tillfälligt, du blir snart bättre. Du kan ännu inte behärska en av de stora Kosmiska lagarna till fulländning, men det är en bra början."

"DNA bor i generna som bor i cellerna," funderade jag. "DNA är mitt identitetsmärke i den fysiska kroppen. Vilket identitetsmärke har jag, dels i en kropp som jag skapar men som egentligen inte finns, dels i den här eteriska kroppen?"

"Hm," svarade Zar begrundande. "Bra fråga. Surrogatkroppar behöver inget DNA eftersom de inte är beständiga och inte födda av en kvinna. Betrakta surrogatkroppen som en slags robot där din själ tillfälligt vistas och ger liv åt den fysiska strukturen. Ditt identitetsmärke i den här kroppen är din *monad*, din odödliga livsgnista, den som du sett sväva i Kosmos i begynnelsen av alla tider. Den är det viktigaste identitetsmärke som finns, Jan. Kom ihåg det!"

Medan vi samtalade promenerade vi på de gyllene gatorna. Jag var så inne i mina tankar att jag inte brytt mig om att se mig omkring, när jag plötsligt upptäckte att vi stod framför en enorm katedral. Jag tyckte återigen att jag aldrig förr sett en så vacker byggnad. Inte ens katedralen i Chartres, som är mitt ideal, hade så rena linjer, så utsökt vackra moskéliknande tak som denna. I Ryssland finns också vackra kyrkor, men den här toppade allt jag sett.

"En sådan fantastiskt vacker kyrka!" utropade jag och tog ett steg baklänges.

"Kyrka?" frågade Shala och lät höra sitt glättiga skratt. "Här finns inga kyrkor. Det här är Rådets Hus."

"Rådhuset?" undrade jag en aning förvånad. "Det var ett förunderligt rådhus."

"Nej, Rådets Hus," rättade Zar. "Det är den viktigaste byggnaden i hela Shamballa. Vi har varken präster eller kyrkor. Jag säger återigen: Vad skulle vi med det till? Vi har alla utgått från Den Store Anden. Vi är alla hans barn. Vi är alla bröder och systrar. I Rådets Hus möts vi när vi har våra rådslag. Ibland är Den Store Anden med oss, ibland kommer Elohim och Ärkeänglarna hit. Ibland kommer De Nio Gamle på besök från Sirius. Vi går in så får du se."

Det är omöjligt att beskriva vad jag såg. Det går inte att likna huset vid ett slott, vars pråliga inredning och utsmyckning är vacker för ett människoöga. Varför ska jag försöka beskriva den sublimaste av byggnader när jag inte har några ord? Läsaren får nöja sig med att försöka förstå att färger, musik och dofter kan förenas till något mer än man anar: en atmosfär så sakral men ändå så varm och kärleksfull att det ovana ögat tåras.

Jag har läst om Shamballa, jag har gjort mig föreställningar om det när jag levde på jorden men aldrig ens snuddat vid aningen av detta.

Shamballa är inte bara en gyllene stad med ljuvliga trädgårdar och vackra hus. Shamballa bebos av de högsta av väsen, om jag nu ska tillåta mig att gradera. Jag visste att jag inte skulle få stanna i detta paradis, men innan jag lämnade det fick jag uppleva möten som för evigt präntades in i mitt sinne, hur eteriskt det än är nuförtiden.

Man kommer till en sådan plats med resterna av sitt råbarkade och opolerade sätt, det som man fört med sig från de grovkorniga kretsarna på Gyldene Freden och Konstnärsbuffén i Stockholm. Man har suttit i rökiga konstnärslyor och diskuterat livet utan att ha en aning om vad det *eviga* livet innebär. Man har knegat som bodknodd. Man har mockat hos svinen åt nobla herremän, medan de druckit sin aftongrogg och blickat ut över sina vidsträckta ägor, utan att ägna en tanke åt vem som klippte gräset och ansade rabatterna - än mindre vem som vallade deras kossor i hagarna. Vart är mitt vackra fosterland på väg just nu, när jag i stum beundran knäfaller inför Skönhetens altare? Finns det någon där som förstår?

"Det måste ha kostat enormt att bygga detta magnifika palats!" undslapp det mig tanklöst när vi vandrade omkring i salarna.

"Du borde ha lärt dig tankens makt vid det här laget," förmanade mig Zar strängt. "Hela Shamballa är skapat av krafter som inte har ett spår med ekonomi att göra - eller med slaveri. Staden är skapad för och av Mästarna i samråd med Den Store Anden. Och det skedde för så längesedan att dina tankar inte kan fatta det."

Jag skämdes lite och funderade på varför jag alltid skulle göra jämförelser med jorden. Kanske därför att jag skriver den här boken och alltså har en viss anknytning till det gamla livet. Vi hade slagit oss ner i en soffa för att vila lite, och så skulle mina tankar nödvändigtvis tillbaka till smutsen och avunden. Men plötsligt stod en högrest, blond kvinna framför oss. Jag kände ögonblickligen igen henne, fastän det var så länge sedan vi sågs. Det var Helia, Spindelkvinnan, Jordemodern.

"Välkommen tillbaka till ljusets världar, Jan!" hälsade hon. "Du har kämpat länge på jorden i liv efter liv, men nu är det arbetet slut. På din egen begäran har du beviljats den odödlighet du stundom besjungit och längtat efter. Nu får du skapa dig en framtid här med hjälp av dina tankar och din läraktighet. Du är adept hos Mästarna och tillhör en själsgrupp som du känner väl och är van att arbeta med. Det ska du göra i fortsättningen också, men inget jordeliv väntar dig längre. Du bär den djupblå manteln, den som betecknar dem som stannar här. Endast ett fåtal av dina vänner bär den också. Dina lärare har visat dig Shamballa, för även om du kommer att ha din hemvist i Änglarnas rike, så behöver du lära dig vägen hit. Det kan hända att du måste begagna din surrogatkropp för att materialisera dig på jorden, men så länge du är adept får du bara göra det under ledning av oss. Zar och Shala kommer att leda och hjälpa dig så länge du behöver dem. När du behöver mig så vet du var jag finns."

Mitt hem är i Änglarnas rike

Hon omfamnade mig och försvann lika plötsligt som hon kommit. Vi lämnade ganska snart efteråt det magnifika palatset.

I Änglarnas rike kände jag mig mera hemmastadd än hos Mästarna. Jag har alltid haft lite svårt att kröka min långa rygg och även om det inte behövdes i Shamballa, kunde jag inte vara riktigt mig själv där. Högtidligheten kändes en aning kvävande. Hos änglarna finns både humor, värme, skratt och tårar - allt detta som en människa är van vid. Alla hjälper alla och alla berättar intressanta saker. Man lär sig så mycket nytt. Mitt besök i Tibet var förstås oerhört spännande, det har jag inget emot att göra om. Den tibetanske Mästaren lovade mig att vi skulle ses igen och det ser jag fram emot. Jag har mycket mer att lära av honom.

Det är från Änglarnas rike jag dikterar den här boken till mitt medium. Enligt jordisk tideräkning har jag varit här omkring trettio år, men här är dagar och nätter inte beroende av sol och måne och vi delar inte in dygnet som ni gör. Vi lever i helheten. Er gregorianska kalender stämmer heller inte med Solens och Stjärnornas folk. De levde efter en tideräkning som bättre överensstämmer med Mayakalendern. Det borde ni också göra. Men som världen ser ut i dag, nära det nya sekelskiftet, förändrar man inte tiden hur föränderlig den än är.

Jag förstår att ni gärna vill veta mer om hur jag lever här. Det ska jag berätta nu. Om ni inte tror mig så får ni väl vänta tills ni själva kommer hit. Det är dock inte säkert att ni får uppleva samma saker som jag har gjort. Ni kanske får en helt annan syn på det hela. Då hoppas jag för er skull att det blir en positiv syn!

Änglarnas rike är så stort att det inte går att mäta med jordiska mått. Här råder en fullkomlig ordning, både när det gäller levnadssätt, natur och arbetsmetoder. Var och en får sina uppgifter, och jag fick börja från början med att lära mig de olika sätten att vara ängel på. Det första jag lärde mig var att förflytta mig med tankens kraft och att skapa vingar. Vi *har* en eterisk gestalt om vi vill, annars kan vi framtona som enbart ljus. För min del föredrar jag att ha en kropp, hur lätt och ofysisk den än är. Eftersom hela tankeverksamheten kvarstår känns det dumt att fara omkring med bara den. Det tycker jag i alla fall. Jag vill helst också kunna se den jag pratar med. Så om någon börjar ett samtal utan att jag ser ett dugg av honom eller henne blir jag ganska ohövlig. Jag ber personen ifråga att visa sig eller att ...nåja, jag ska inte vara simpel. Ibland tar jordiskheten tag i mig - men här förstår man och förlåter på en gång.

Jag fick lära mig meditera på rätt sätt. Det går lättare här, hjärnan är på något sätt klarare. På jorden blandade jag ofta ihop dagdrömmeri och meditation, vilket var till nackdel för det jobb jag just då utförde. Här uppfattas meditation som arbete! Kan man tänka sig: att sitta bekvämt ensam eller i grupp och koncentrera sig på att hjälpa enskilda eller jorden räknas som jobb! Det gillar jag, när koncentrationen bland annat kan åstadkomma vingar som man kan flyga med (om man vill). Vilken lycka! Jag minns när jag som barn hade klippt ett par vingar av tidningspapper och skulle pröva dem från baksidan av ladugården, där ingen kunde se mig. Jag tänkte inte alls på vart den dörren vette, jag ville bara flyga! När jag hoppade ut i den fria luft där mina vingar skulle bära mig, hamnade jag i stället huvudstupa nere i dynghögen. Resten glömmer vi!

Nu bär vingarna mig även om de bara är en slags surrogatmotor för min lätta kropp. Egentligen behövs de inte, men eftersom skaparkraft är mig given (på vissa villkor!) så övar jag mig gärna med att ta en sväng då och då. Egentligen behöver jag bara tänka mig till en plats, så vips är jag där! Det är nästan alltför bekvämt.

Det var svårt att skiljas från min skyddsängel Jolith. Men hon var strålande glad. Hon hade så länge varit bunden till sin människa - i det här fallet Jan - att hon nu släpptes fri för att verka i en helt annan del av Änglavärlden. Man väljer själv om man vill förbli skyddsängel, men också när man vill sluta med det för att utvecklas vidare på andra områden. Vilka områden? undrar läsaren säkert.

Jag lärde mig snart att Änglarnas rike innehöll de mest varierande arbetsområden. I största möjliga mån fick man själv välja det område man var mest intresserad av, men då måste man först gå igenom en undervisning eller skolning som svarade mot ens önskan. Om man t.ex. ville vistas på jorden som hjälpare av något slag, måste man lära sig hur man arbetar i och med det osynliga. Änglar vandrar osynliga omkring överallt på jorden. Men varför gör de då ingenting? undrar ni säkert. Varför räddar de inte människor från sjukdomar, olyckor, droger, våld? Varför finns det så mycket ont?

Svaret är: På grund av människans "fria vilja"! Inte ens änglar har rätt att gå emot den. En sak till: människans karma. Lagen om orsak och verkan är obönhörlig. Änglarna har massor av restriktioner eftersom varje människa har sitt att gå igenom. Men har ni aldrig hört: "han/hon hade änglavakt"? Var säkra på att det var riktigt!

Jag har återförenats med min själsgrupp. Förutom mig bar endast två andra den djupblå manteln: en man och en kvinna. Vi tre fick fungera som lärare i gruppen. Vi hade gått igenom samma skola och lärt oss allt från begynnelsen. Tillsammans har vi simmat i lufthavet som små livsgnistor och sedan kommit med i den stora, underbara Skapelsen. Vi har inte mötts i mitt sista jordeliv i Sverige, men vi kände varandra väl från andra inkarnationer. Mannen heter Henrik och kvinnan kallas Tiri. Vi står alla tre på olika utvecklingsstadier även som änglar och därför undervisar vi på helt olika sätt. Det känns lite fånigt för mig ur jordsynpunkt att kalla mig för "ängel". Men alla som hamnar i Änglarnas rike kallas änglar, även om det egentligen inte motsvarar den jordiska termen. Änglar är inte ett eteriskt folkslag eller något annat som överensstämmer med Bibelns uppfattning. Änglar är Ljusarbetare och deras uppgifter varierar kolossalt.

Shala tillhör Änglariket. Zar kommer från Mästarnas rike. Jag fick en av varje sort för att vägledas och lära mig att utvecklas för min uppgift som Ljusarbetare. Vilken den är har jag ännu inte riktigt förstått. Jag tror att uttrycket "man växer med sin uppgift" passar bra in på mig. Jag tror också att ens uppgifter kan vara flera, som successivt strålar ut från samma kärna. De ingår i växandet, som pågår så länge man själv vill. Men än så länge trivs jag mycket bra med mitt jobb.

Jag berättar för mina läsare om de olika världarna och deras riken. Många författare har gjort det förut. Det finns författare som genom någon kanal berättat om sina liv efter döden. Det liknar inte alls det jag berättar för er. Därför måste läsaren själv ta ställning till det jag skildrar och ta till sig det som känns rätt. Varje berättare har besökt sin egen slags värld på den här sidan. Varje mottagande medium tänker på sitt sätt, uppfattar på sitt sätt, har sina ambitioner. Det viktiga för alla oss som förmedlar budskap från Ljusets värld är att göra vårt ljus och vår kärlek levande för läsarna.

Jag tror också att det är viktigt att varje själsgrupp förmedlar sin kunskap med olika ord, därför att människorna är så olika, tillgodogör sig på olika sätt, vill och tänker olika. Olikheterna förvirrar. Det är på grund av dem det finns så många religionsuppfattningar, när det egentligen skulle räcka med en enda Gud, en enda kärlekslära. Så var det menat från början. Det var enklare då. I dagens läge är vilsenheten enorm. Den är representerad i konst, musik - ja, i hela samhället av i dag.

Jorden är änglarnas främsta skötebarn. Det finns andra planeter som också behöver hjälp, men ingen har det så svårt som Moder Jord. Därför vill jag gärna att den här boken ska vara ett svar på mångas rop på hjälp, ett svar som kan ge tröst och lindring åt förtvivlade tankar. Tyvärr går det bara att lära dem som verkligen lyssnar att tänka på ett sådant sätt att kraften finner den rätta vägen.

14. Olydnad straffar sig

Det finns ett ord som heter "precipitera". Det används för att beskriva hur en tänkt önskan förverkligas. Jag har alltid undrat hur det går till. Det vet jag nu, men den kunskapen fick jag inte utan smärta. Ordet smärta kanske inte passar så bra i Änglarnas rike, men man kan göra dumheter här också. I varje fall kunde jag det!

Vad jag nu ska berätta kan låta som en saga för barn. Jag lovar emellertid att det har hänt mig här "på riktigt". Det är en av de läxor jag skrattat mycket åt efteråt - men *då* skrattade jag inte.

Jag bor numera i ett underbart litet hus. Jag ville inte ha någon stor, elegant bostad. Jag ville helst återskapa någonting i stil med statarstugan som så småningom blev familjens sommarställe. Där kunde jag skriva, där flödade min fantasi och jag njöt av varje minut i den miljön. Den var sammanvuxen med mig. Så ville jag ha det här också, eftersom Änglariket är möjligheternas land där man skapar det man önskar. Men i början var det just bostaden som ställde till trassel för mig.

När Shala och Zar lämnade mig i min själsgrupp efter resan till Shamballa, frågade Henrik var jag bodde. Om jag inte hade någon bostad fick jag gärna sova hos honom. Han är en glad och lättsam person som utstrålar översvallande välvilja. Jag beslöt mig för att tacka ja eftersom jag hade glömt att fråga Shala om bostad. Måhända var det som följde en test, fastän jag inte visste om det.

Jag följde med Henrik till hans hus. Det visade sig vara byggt i slottsstil och när han såg min förvåning frågade han om jag inte mindes att hans namn i Italien varit Enrico och att vi inkarnerat tillsammans i ett liknande hus. Palatset var gräddvitt och på framsidan var det utsirat som en krokan. På insidan var det en jättelik mardröm. Henrik älskade tydligen överdriven rokokostil med guld och rosetter överallt. Jag ville inte såra min gamle vän utan smålog vänligt när han visade mig var jag skulle sova: ett rum med prunkande överdåd, himmelssäng med guldornament och "inspirerande" målerier med sängkammarscener.

"Hur har du fått ihop det här?" undrade jag försiktigt.

"Det har jag precipiterat," svarade han stolt. "Har du inte lärt dig det ännu?"

”Nej,” svarade jag, ”bara att materialisera och dematerialisera min egen kropp.”

”Oj!” utbrast Henrik och stirrade förvånad på mig. ”Det har jag inte lärt mig ännu. Du måste vara en högt utvecklad själ!”

”Gör inga jämförelser,” varnade jag. ”Änglarna använder olika undervisningsmetoder på oss för att vi är så olika. Men menar du att man kan trolla fram ett sådant här palats med blotta tanken?”

”Inte bara palats,” svarade Henrik belåtet. ”Allt, precis allt! Jag kan lära dig. Det är så enkelt, så!”

”Tror du att du får det?” frågade jag för säkerhets skull. Det lät spännande och dessutom hade jag ingen lust att bo i den här marsipantårtan någon längre tid.

”Naturligtvis,” svarade han lugnt. ”Vi tillhör samma själsgrupp och det är meningen att vi ska hjälpa och lära varandra. Det vore väl konstigt annars!”

Henrik hade rätt. Precipitera var mycket enklare än att materialisera och dematerialisera. Det tog inte lång tid för mig att förstå hur man gjorde, eftersom jag hade lärt mig att koncentrera mig djupt. Det var en av de första sakerna man fick lära sig i Änglaskolan. Att precipitera innebär stark koncentration. Man koncentrerar sig hårt på det föremål man önskar manifestera. Varje detalj måste ligga klar i ens tankar när man startar. Vi började med några smärre föremål. Jag önskade mig ett par vita strumpor. Det måste finnas behov av ens önskan för att experimentet ska lyckas. Jag såg ner på mina bara fötter i sandalerna, viftade lite med tårna och riktigt kände hur frusna de var. Efter några ögonblick låg ett par tunna vita strumpor i min hand. Det fungerade!

Nästa föremål jag önskade fram åt mig blev en cykel. Henrik gapskrattade.

”Den passar inte in i omgivningen,” ropade han när jag förtjust cyklade iväg från honom. ”Här använder man inte cyklar.”

Jag ställde cykeln mot ett träd och fortsatte med mitt alldeles egna trolleri. Efter en stund stod ett stort bord i Henriks trädgård. På det låg ett knippe morötter, en ficklampa, en limpa och en bytta med smör, ett par långkalsonger och ett nattkärl.

”Konstig blandning,” muttrade Henrik. ”Vad ska du göra med allt det där?”

”Du sa ju att jag skulle ta småsakerna innan jag börjar med huset,” påminde jag honom. ”Jag tänker fortsätta med möblerna. Det här var roligt! Jag kan hålla på hur länge som helst.”

Det gjorde jag också. Det dröjde inte lång stund innan jag stod halvt begravd i husgeråd, kläder, mattor, gardiner, möbler och verktyg.

Bakom Henriks gräddtårtehus fanns en trädgård med en jättestor gräsmatta. Det var där vi höll till. Döm om min förvåning när Shala plötsligt dök upp. Henrik och jag var i full gång med att skapa prydnadssaker. Han var verkligen duktig. Inte ens Meissenporslinets upphovsman skulle ha sett skillnad på sina och Henriks alster.

"Vad håller ni på med?" skrek Shala. "Är ni inte kloka? Precipiterar ni på lek, stora vuxna änglapojkar? Har ni glömt var ni är? Får Zar reda på det här så vet jag inte vad han gör med er. Skämt är en sak, men det här är inget skämt, det är slöseri med Den Store Andens gåvor. Titta nu vad jag gör!"

På ett enda ögonblick var allt vi skapat fram utplånat, även Henriks tårtslott och trädgården.

"Jag kom hit för att titta till er och se att nykomlingen Jan hade en säng att sova i. Vad finner jag? Två smågrabbar som leker med skapandet. Det är sådana lekar som håller på att göra slut på er älskade jord. Maktmissbruk är ett annat ord för det."

Jag föll på knä inför Shala. Jag skämdes så jag inte kunde se henne i ögonen. Hon stod tyst en lång stund och tittade på oss. Henrik hade satt sig på marken med händerna för ansiktet. Vi var förkrossade.

"Res er upp!" befallde Shala. "Jag tror blotta förskräckelsen är straff nog för er. Jan, du får lova mig att inte precipitera en enda sak till förrän du lärt mer om det i Änglaskolan. Det här var en blek kopia av det riktiga tillvägagångssättet och det ni skapat fram hade lika lätt att försvinna. Henrik får skapa en mer passande bostad. Ditt slott var för vräkigt. Tänk att sådana dumma anlag fortfarande finns kvar i er. Dem måste vi arbeta bort innan ni kan gå vidare. Jag ska tala med era lärare."

Hon försvann och Henrik och jag såg snopna på varandra. Vi hade inte menat något ont eller gjort fel medvetet, det var kanske därför vi slapp undan ett hårdare straff. Henrik var förtjust i krimskrams och jag var som vanligt nyfiken på min egen förmåga. När vi först kom till Änglaskolan hade vi lärt oss behärskning och enkelhet. Det sistnämnda var jag en mästare i, men det förstnämnda var en egenskap som jag alltid saknat, likaså Henrik.

När vi kom tillbaka till skolan bestraffades vi med en vandring i de olika rikena i Ingenmansvärlden, för att upptäcka vad våra svaga karaktärer kunde ställa till med. Det var ingen trevlig promenad, det försäkrar jag er! Vi fick besöka de osaliga själarnas hemvist, om det nu kallades skärseld eller helvete, och se det självpåtagna lidande som inte leder någonstans. Därefter återvände vi hem och fick meditera på kontakten med våra egna Inre Jag. Hur länge denna bestraffning pågick vet jag inte. Det föreföll oss båda mycket länge, fastän det kanske bara var några timmar. Under tiden fick Tiri arbeta med mycket roligare saker. Ibland kom hon till oss och berättade, så att vi skulle få en aning om de fröjder som väntade. Tiri är en mycket betagande person.

Jag har aldrig varit särskilt lydig. Det bor en liten upprorsande i mitt bröst som jag har svårt att hålla i schack, till och med här. Naturligtvis vet Zar om den. Det dröjde länge efter vårt "busstreck" innan jag fick träffa honom igen och det kändes tomt. Inte heller Shala visade sig. Först kände jag mig förnärmad och tyckte att vänner inte får överge varandra. Sedan rannsakade jag mitt inre. Jag förstod att det måste vara helt rent när jag undervisades av mina ledare.

Jag arbetade hårt under den här tiden. Jag fick möta nära och kära som gått över gränsen men ännu inte inkarnerat igen. När de skulle "gå ner" kallades jag till dem och förklarade för dem hur viktigt det var att de höll sitt medvetande rent och sina tankar fulla av kärlek när de återföddes. Var och en av dem fick en gåva med sig till jorden, en positiv egenskap att förvalta och utveckla på bästa sätt. En del av dem var rädda för att återfödas men förstod att det var nödvändigt eftersom de inte var färdiga med sin karma. Jag lugnade dem och gav dem fina uppgifter som de förhoppningsvis skulle minnas en gång på jorden. Jag delade ut kraft och goda energier, jag stöttade och uppmuntrade. Dessa erfarenheter skedde i många olika världar, dit jag kallades för att ta hand om själar i skilda utvecklingsstadier. Efter en intressant och lärorik tid var jag färdig med detta arbete och fick äntligen åter träffa Shala och Zar.

15. Rymdflottan Ashtarkommandot

"Min käre vän," utropade Zar och omfamnade mig. "När du levde på jorden gällde det för dig att förstå att du var ansvarig för ditt eget liv. Du var ansvarig för dig själv när du hade valt din väg - inte för någon annan. Du var ansvarig för din familj, men endast temporärt. Du kunde aldrig skylla på andra när du själv gjort något dumt. Att vältra över sin skuld på andra accepteras inte här. Du har stått till svars för just precis den saken. När du precipiterade skyllde du hela tiden inuti dig på Henrik. Han var den som hade lärt dig, han bar skulden till din överdrift i och med att han deltog i den. Men här, i Änglarnas rike, måste man själv ta ansvaret för sina handlingar. Kan man inte det måste man flytta till en värld där man lär sig förstå den sanningen. Det behöver inte du. Vi har sett in i ditt hjärta och vi känner den inre Jan. Du är på väg att lära dig vem du är, något som varje individ någon gång frågar sig. Vem är jag? Varför är jag jag? Ska jag alltid förbli jag?"

"O ja," avbröt jag ivrigt, "det är verkligen frågor jag har ställt mig många gånger."

"Svaret är enklare än du tror," log Zar. "Du kommer nog underfund med det efterhand, jag serverar det inte på en bricka. Nu ska vi fortsätta med din utbildning på en annan nivå och jag och Shala följer med dig hela tiden. Först ska vi resa tillsammans igen. Du ska få besöka våra militäranläggningar som finns i utkanterna av den eteriska världen."

"Jag blev aldrig mer än korpral," mumlade jag.

"Du får snart träffa flera generaler," skrattade Shala.

"Jag måste informera Jan om en sak," avbröt Zar. "Det finns en galaktisk konfederation som bevakar jorden, för att kunna ingripa om nukleära störningar hotar både planeten och den omgivande etern. Den tjänstgörande rymdflottan är känd under namnet Ashtarkommandot. Den har deltagare både från Mästarnas och Änglarnas riken, men också från andra planeter, galaxer och universa."

Jag vet inte om jag ska beskriva det jag nu fick se som en militärbas med ett långsträckt citadell eller som ett flygfält av annorlunda slag. Det gick runt hela den eteriska världen och innehöll både hangarer, bostäder för olika truppenheter, stora digitala anläggningar (som det såg ut för mina okunniga ögon) och mycket, mycket annat. Det fanns många andra byggnader, stora parker och trädgårdar, badanläggningar, övningsfält och enorma landningsplatser överallt.

Jag fick se varelser som inte såg särskilt mänskliga ut. Det var som att komma rakt in i en science fiction-berättelse. En del påminde om djur, en del liknade den traditionella bilden av humanoider, med spinkiga kroppar och stora huvuden, enorma ögon och rudimentära näsor, munnar och öron. Alla dessa varelser utstrålade kärlek. Det rådde en febril verksamhet, men mitt i arbetet avbröt sig varelserna med att komma och omfamna oss på det mest omilitära sätt. Jag upptäckte till min förvåning att jag kunde kommunicera med dem. De verkade intelligenta och kvicktänkta. Jag frågade dem om deras maskiner och annan teknisk utrustning. När jag kommit så långt avbröt mig Zar.

"Nu ger Shala och jag oss iväg," sa han. "Vi lämnar dig här en tid. Det ingår i din adeptutbildning att vara insatt i allt som försiggår i den eteriska världen, likasåväl som i de andra världarna. Om du arbetar med Ashtarkommandot ett tag så lär du dig verkligen ett osjälviskt, kärleksfullt arbete. Vi hämtar dig när du är klar med det här."

Vips var han försvunnen och där stod jag! Men jag hann inte ens fundera över min situation förrän en ung man i vit uniform vänligt klappade mig på axeln.

"Jag heter Tone och jag har fått i uppdrag att visa dig tillrätta här," sa han. "Följ med mig!"

Han förde mig till mitt logi, ett trevligt och bekvämt rum i en av längorna jag sett under vår flygtur.

"Nu ska du först till basen," fortsatte Tone. "Överbefälhavaren vill träffa dig och ge dig din första uppgift."

Överbefälhavaren liknade en indian. Han var visserligen klädd i samma vita uniform som Tone, men hans huvudbonad var annorlunda. Den bestod av ett jättehögt utsirat och juvelbesatt diadem med långa kläppar som dinglade från sidorna och en buske av mångfärgade fjädrar som svajade lätt i den lätta brisen.

"Ja, jag var indianhövding i min sista jordiska inkarnation," smålog han. (Han hade förstås läst mina tankar). "Här representerar jag Solens och Stjärnornas folk från Zio. Som du förstår kommer jag långt bort från galaxens utkanter. Men jag är insatt i allt som rör den här galaxen och hur illa jorden mår. Du ska under en tid ingå som ljuskrigare i min härskara. Missuppfatta inte ordet "krigare". Vi är fredliga kämpar och vårt främsta vapen är kärlek. Är det klart, kombattant?"

Puh, tänkte jag, och mina soldatår dök upp i minnet. Men jag sträckte på mina lätta ben och gjorde honnör. Indianhövdingen, som jag sedan fick veta hette general Kualli, såg vänligt på mig.

"Här har du ingenting att frukta," sa han. "Du kan inte jämföra mitt regemente med ett jordiskt sådant. Kadaverdisciplin får stå för människorna. Här gör var och en sin uppgift och så trivs vi tillsammans. Så enkelt är det. Du lyder din innersta röst som i sin tur kommer från Den Store Anden. Det är den lydnad vi väntar oss av dig."

Till min stora förvåning omfamnade han först mig därefter Tone, som inte lämnat min sida. När jag sedan frågade Tone om min uppgift svarade han med ett brett leende:

"Du ska helt enkelt ingå i mitt förband. Först får du lämpligare kläder, sedan får du träffa kompisarna."

Klädseln utgjordes av en vit, åtsittande, silverskimrande dräkt i två delar. Till den hörde en kort vit cape. På bröstet var anbragt en rund skiva med symboler på. Den var mycket vackert gjord och jag fingrade intresserat på den. Tone slet snabbt bort mina fingrar från smycket.

"Skivan är en slags alarmapparat," förklarade han. "Det kunde du inte veta. Man ska trycka här och där för olika koder som du måste lära dig. Här får du ett bälte med fickor i. Där förvarar du en kristall som fungerar som kommunikation när man är mycket långt borta. Där finns hölster för vapen som du får uppgifter om senare. Ibland är de nödvändiga att ha. Det här är en ametistapparat som dirigerar riktningarna när den ställs in till vägvisare. Radar är det närmaste ordet för att förklara dess funktioner. Den utlöser varningar när det behövs och den hittar alla vägar i hela galaxen."

Det blev skolbänken för mig igen. Men jag blev utan vidare upptagen i kamratgänget, och till min stora förvåning fanns Tiri med där. Det här är tydligen inget mansdominerat samhälle, tänkte jag muntert när jag omfamnade henne.

"Nej, här finns flera kvinnor som du ser," skrattade hon.

"Men ingen är så vacker som du!" viskade jag i hennes rosenöra, där en kaskad av rödgyllene lockar just befriats från den obligatoriska hättan som vi alla bar. Den var av samma material som dräkterna. Den smet till om huvudet och lämnade inte minsta hårtott fri. Alla hade olika emblem på sina mössor. De var säkert också kodade. På min fanns till min stora förtjusning en örn. Det är den fågel jag beundrar mest, den symboliserar djärvhet och frihet; två egenskaper som jag anser att jag alltid burit inom mig.

Vad fick vi lära oss i den här annorlunda "kadettskolan"? Svar: Allt! Vi fick förbereda oss för jordenbesök, vi fick lära oss materialisation och dematerialisation - men det kunde jag ju redan. Vi fick lära oss att tackla alla tänkbara situationer som kunde uppstå i samband med våra bevakningsuppgifter. Vi fick lära oss att eliminera giftiga gaser, att utplåna alla andra giftutsläpp som finns överallt i atmosfären kring jorden, och som hotar att skada de närmaste planeterna och stjärnorna. Ozonskiktets hål måste lagas så att solens strålar inte dödar i stället för värmer. Det måste finnas väktare på många håll både på jorden och i atmosfären runt omkring som kan ingripa i händelse av akuta katastroftillstånd.

Uppdrag Nordamerika

Efter all den livsfilosofi jag hitintills inhämtat var det nästan skönt att få lite handgripligare uppgifter. Ännu trevligare var det när jag kommenderades ut på ett viktigt uppdrag tillsammans med Tiri. Vi skulle till jorden i vår eteriska kropp och fick inte materialisera oss om det inte var absolut nödvändigt. Det gällde ett kärnkraftverk i Nordamerika. Det var mycket allvarligt eftersom det var risk för en härdsmälta. Det gällde att se till att det inte blev någon sådan. Om det blev en härdsmälta skulle den ställa till med större elände än vi någonsin kunnat föreställa oss. Vi blev inkallade till general Kualli för att få instruktioner om hur vi skulle bete oss.

"Kualli betyder "god" på indianspråk," viskade Tiri till mig innan vi gick in i generalens rum.

"Ett namn som förpliktigar," viskade jag tillbaka.

"Han är bäst!" replikerade Tiri och jag kände mig mycket nyfiken. Tone var också där. Till min stora förvåning skulle generalen själv ledsaga oss.

"Jag följer med för att övervaka arbetet," förklarade han. "Tone har arbetat med atomsprängningar under sitt jordeliv. Jan känner till jorden bättre än vi andra och har dessutom både förnuft och fantasi. Tiri representerar yin och hon är dessutom djärv och påhittig. Jag förklarar först det strategiska läget. En lärare kommer strax och talar om för er hur ni ska gå tillväga, sedan träffas vi i hangar Tellus när ni är färdiga för avfärd."

Det är inte frågan om timmar och minuter här. Det som sker brukar ske snabbt och vår instruktör inför jordenresan var både snabb och effektiv. Vi inhämtade en mängd information som vi dessutom fick med oss i ett slags mikrochips. Snart var vi installerade i en farkost som jag tyckte liknade ett UFO. Jag frågade varför vi inte kunde åka i gångarna under jorden som Zar och jag brukade göra. Kualli svarade att Ashtarkommandot endast använder rymdfarkoster och att tunnlarna mest utnyttjades av Mästarna. Det kändes lite pirrigt att åka tillbaka till Moder Jord i en sådan här farkost och dessutom "utomlands". Jag var inte precis någon van amerikafarare. Fyren Långe Jan från gamla Svedala var nu en fyr i dubbel bemärkelse. Jag har alltid tyckt att Sverige är det vackraste landet i världen, men då har jag förstås inte haft mycket annat att jämföra med. Tiri kom från Nya Zeeland och så långt vågade jag inte ens tänka. Ändå såg hon ut som en svensk tös. Ja, hon liknade faktiskt en av flickorna som brukade hållas uppe på herrgården när jag var pojke - de som kallades praktikanter och som man kikade på i smyg.

Det var natt när vi landade i en öde trakt. Våra eteriska kroppar kunde naturligtvis inte drabbas av det livsfarliga utsläppet, om det var vad som skulle ske. Vi lyckades ta oss in i kärnkraftverket utan större svårighet. Så där var vi nu!

Hand i hand stod vi alla fyra i den gigantiska byggnaden. Sådana värmeverk hade befunnit sig i sin linda under mitt sista decennium på jorden. Nu befann jag mig alltså mitt inne i detta farliga byggnadsverk och gissa om jag var nyfiken! Vi upplevde inte atmosfären på samma sätt som de fysiska människorna där, men vi fick verkligen uppleva hur det mänskliga tog sig uttryck på olika sätt. Några personer arbetade tyst och intensivt på att förhindra härdsmältan, andra var helt enkelt hysteriska. Några bara skrek. Katastrofen var nära när vi ingrep. Läckaget hade börjat, om än i liten skala.

Jag ska inte trötta mina läsare med att i detalj beskriva vad vi gjorde, eftersom mina tekniska kunskaper är mycket dåliga. Vi vill inte heller ta åt oss äran av att kärnkraftverket räddades, medan duktiga människor riskerade sina liv för att rädda andras. Tiri och jag arbetade med att förinta det farliga giftet innan det hann tränga in i människorna. Vi skyddade dem med rena luftridåer och bäddade in dem i moln av eteriska balsamtinkturer, som trängde in i deras kroppar och tjänstgjorde som försvarsmekanismer. Kualli och Tone gav sig rakt in i härdsmältan. Vad de gjorde där törs jag inte tänka på, men läckaget upphörde mycket snabbt.

Vid ett tillfälle höll det på att gå galet. Tiri var så ivrig att rädda och hjälpa att hon glömde sin osynliga roll. Det kan ske vem som helst av oss när man blir ivrig - det har skett mig också. Tiri var i färd med att hjälpa en hysterisk kvinna som bara skrek och skrek. Hon försökte påverka kvinnan mentalt, men ingenting hjälpte. Tiris kärleksfulla försök att genomtränga kvinnans vrål med lugnande vibrationer resulterade i att hon omedvetet började materialisera sig på grund av ansträngningen. Jag var sysselsatt på annat håll men upptäckte den begynnande fysiska formen och skyndade till Tiris sida. Jag lyckades avvärja materialisationen så att min aningslösa medarbetare återfick sin eteriska kropp. Sedan försänkte jag den skrikande kvinnan i sömn. Eftersom det var så rörigt och alla sprang om varandra hade ingen upptäckt vad som försiggick. Någon tog tag i den sovande kvinnan och släpade ut henne ur byggnaden. Tiri grät av lättnad.

Jag fick beröm av Kualli senare, men Tiri skämdes inför mig. Hon höll sig till Tone hela hemresan och jag samtalade med Kualli. Jag kom att alltmera beundra och respektera denne märklige man. Han påstod att innan jordens människor har förstått att de måste söka sig tillbaka till sitt ursprung, till det gamla sättet att leva tillsammans i gemenskap och fred - innan dess finns ingen lösning på den moderna tidens problem. Han belyste indianernas situation på ett annorlunda sätt än jag hört förut. Det första folket höll på att bli det sista av sitt slag. Hudfärgen avgör numera om man har medborgarrätt eller inte. Den vita hudfärgen anser sig överlägsen alla andra: den vithyllte Adam är enligt Bibeln den förste mannen på jorden, och kvinnan är bara en produkt av honom. Hon är fresterskan och slavinnan.

"Men Adam var inte den förste mannen på jorden," hävdade Kualli.

"Bland Solens och Stjärnornas folk fanns både män och kvinnor. Hudens färg hos folket från Zio var resultatet av pigment, inte en anledning att värdera varandra. Alla människor har samma värde. Kärleken till Skaparen och till nästan är den enda religion vi borde följa."

Detta och mycket mer berättade den ståtlige indianen. Han

hade bara ett uppdrag för ögonen: att rädda den planet som tillhört Solens och Stjärnornas folk ända från ursprunget. Alla människor härstammar från dem. "Ni kan inte återskapa det gamla men ni kan bygga upp något nytt och värdefullt som en hel jord accepterar," ansåg han. Jag lyssnade uppmärksamt.

"Ondskan då, general, var blir den av?" sporde jag.

"De som bär sin ondska, sitt våld, sitt missbruk och främst sin maktlystnad utanpå, de som lever i den och för den, blir inte kvar på jorden i nya liv. Vi har ordnat det för dem på andra planeter, där de får lära sig nya sätt att leva och där de får sona sina brott - främst våldet mot det egna jaget."

"Hur ser framtiden ut för jorden?" undrade jag.

"Du har väl hört talas om "förändringarna"?" svarade han med ett snabbt leende. "Du har väl hört om katastrofer, om hungersnöd, krig och inbördeskrig, flodvågor och jordbävningar? Räcker inte det för att förklara att inte bara Moder Jord har fått nog, utan även hennes Skapare. Men nu styr vi jorden mot en ljusare tid. Vi lyder under Den Store Andens befäl, fast vi kallas för Ashtarkommandot. Ashtar tar endast order från Skaparen själv och han är vår länk till Den Store Anden. Jordens levande hjärta slår i våra händer och hennes tårar är vår kraftkälla. Vi är rymdens riddare och jordens andliga krigare. Det är med stolthet, glädje och ödmjukhet jag tackar mina duktiga medarbetare för er insats i dag. Den här gången blir det inte så svåra följder för mark och hav. Men vi måste hålla ögonen på kärnkraftverken. Den mänskliga olycksfaktorn finns alltid i bakgrunden."

Kanske tycker mina läsare att jag delar ut pekpinnar? Var si och var så, gör det eller det så blir du en värdig medlem i Vår Herres hage. Men försök förstå att jag inte har för avsikt att vara besserwisser, inte att övertyga er om vad som är rätt eller orätt. Det litar jag på att ni själva vet bäst. Jag vill bara berätta om allt det underbara och fantastiska jag har varit med om och samtidigt visa att jag har många mänskliga svagheter kvar. Och en av dem ska jag berätta om nu.

Om jordiska känslor och allkärlek

När vi kom tillbaka till våra vackra kaserner väntade ett gästabud. Det förekommer ofta gästabud här, men det är inga fylleslag som på jorden. Vi samlas och äter och dricker på det kosmiska sättet, dvs.

vår spis är av helt annat slag än mina läsare kan föreställa sig. Det går inte att beskriva den närmare. Vi lyssnar till musik och upplever ljusteater. Det är också svårt att klä vår underhållning i ord. Ljusteater kan vara formateringar av änglar till musik, det kan vara bilder i makalösa färger och mönster, det kan vara sång och tal och inte minst dans.

Jag skyndade mig att ta plats vid den ljuvliga Tiris sida innan någon annan gjorde det. Hon hade undvikit mig hela tiden.

"Vad är det med dig?" frågade jag i ganska upprörd ton. "Först räddar jag livet på dig och sedan tar du avstånd från mig. Förstår du inte hur mycket jag tycker om dig?"

"Jo, det är just det jag förstår," svarade hon och började skratta. "Räddade livet - du är för komisk! Men när du hjälpte mig därborta kom din själ så nära min att jag inte kunde undgå att känna utstrålningen från den. Det var en farlig strålning det också, Jan. Du ska veta att jag är tacksam och att jag tycker om dig också. Men bland det första vi fick lära oss i Änglaskolan var att eliminera så mycket vi kunde av våra personliga egokänslor för att kunna ingå i den gudomliga, villkorslösa Kärlekens lag. Har du glömt det? Vi har inte lov att känna den personliga individuella kärleken mellan man och kvinna, Jan. Inte i den form jag kände från dig. Åtrå hör jorden till. Vi får älska varandra och leva tillsammans här i fullkomlig själskärlek, men det är en helt annan sak.

"Ja, jag vet och förstår," svarade jag irriterat. "Men jag har inte kunnat bromsa känslorna som kommer när jag ser dig. Du tillhör dessutom min själsgrupp, så det blir en salig röra i mig."

"Den får du stå för," smålog hon. "Dessutom har varje själ sin duala flamma och det är den vi hör ihop med. Så det är inte värt att ge sig ut på vift medan flamman är nere på jorden och inkarnerar. Det gör ju både din och min. Men vänta bara tills vi träffar dem! Kanske vi kan få dem att stanna kvar hos oss när vi möts igen, så vi kan undvika sådana här hjärtslitande scener."

Hjärtslitande scener, tänkte jag. Tydligen har jag kvar alltför många Janne-känslor av både det ena och det andra slaget. När jag tittade upp såg jag Zars ögon riktade på mig. Han höjde sin bägare och jag såg en spjuveraktig glimt i hans blick.

"Det klarnar mer och mer," ropade han tvärsöver bordet. "Vi ska prata om känslor, du och jag!"

Det var just vad vi gjorde. Lite senare satt vi tillsammans i en blomsterberså i trädgården.

"Det viktigaste en människa har är känslorna," började min käre ledare. "Jag är ingen moralist och här är det inte frågan om den sortens tankar, men känslorna måste styras rätt. Det vet du! Förälskelse, åtrå, sex hör till jordelivets lidande och lycka.

"Vi tar med oss bitar av alltsammans hit, men här är det dags att lära sig sublimera dem. Det betyder inte att vi har tråkigt, eller hur? Här finns alla sorters positiv glädje, dans, lek och sång - men inte älskogslekar. Vi har så mycket kärlek och *lever* i den så att den ger oss energier som är starkare än solens strålar. De energier vi ger ut är av komprimerad kärlek. Vi ger dem till oss själva, till varandra, till jorden, till hela vårt universum. Dessa energier är kolossalt aktiva. Det är med deras hjälp vi andas och rör oss. Det är från dem vi hämtar alla de förmågor vi besitter. Förstår du?"

"Jag försöker i alla fall," svarade jag.

"Dina känslor måste ingå i Helheten," fortsatte Zar. "Därifrån strålar de ut i hela kosmos med den universella kärlekens oändliga kraft. Det är så vi alla arbetar. Om känslorna däremot väller över och blir emotionella krämare som bjuder ut sina varor till extrapris, så förstör du kraften i de energier du sänder ut."

"Det var hårda ord för att man tycker om någon lite mer än andra," protesterade jag.

"Du får tycka om så många du vill," invände Zar. "Du och jag och Shala tycker mycket om varandra. Det är dina jordiska kroppsliga känslor som du inte har lyckats bearbeta riktigt ännu. De finns kvar efter övergången hos de flesta människor, men många av dessa stannar kvar i Ingenmansvärlden eller Astralvärlden. Vi behöver dig här, i den eteriska världen. Men vill du ägna dig åt dina lustar får du återgå till Ingenmansvärlden, där det förekommer mycket av det slaget. Vill du arbeta med änglarna och oss så får du lära dig att behärska sådana känslor och i stället arbeta på din allkärlek. Det är bara att välja!"

"Klart jag väljer att stanna här," mumlade jag. Jag kände mig mycket bedrövad över de hårda orden, men har senare förstått hur viktigt det är att lära sig "känna rätt". Känslor är viktiga, men att styra dem är viktigare. Att sublimera sina känslor är inte gjort på en änglarunda!

"Du har fått behålla minnet av ditt sista jordeliv. Det var nödvändigt för diverse uppgifter, bland annat för samarbetet med ditt medium. Men nu återgår du till Kualli, för du är inte färdig med din "militära" utbildning ännu."

Jag gladde mig åt att få vara tillsammans med Kualli ännu en tid. Jag trodde att Tiri skulle omplaceras, men så var inte fallet. Hon tillhörde precis som förut Kuallis skyddslingar. Jag kan inte kalla oss soldater, för ingenting kunde vara mindre soldatlikt än det liv vi levde i Ashtarkommandots "kaserner". Däremot förekom en mycket strikt disciplin, inte på grund av stränga order utan för att vi själva önskade det. Henrik fanns i en helt annan del av den gigantiska rymdflottan. Eftersom Ashtarkommandots regioner sträckte sig runt hela den eteriska världen, fanns oräkneliga avdelningar, truppförband, förläggningar och andra verksamheter där.

Om jag hade varit kvar på jorden och blivit förälskad i en kollega, så hade det antingen blivit ett förhållande eller också hade vi skilts åt, separerat till olika avdelningar. Här var det tvärtom. Man konfronterades med problemet tills det eliminerades. Det ställdes hårda emotionella krav på mig, men dem ställde jag själv. Det var bara jag som kunde gå in i mig själv och ta kontakt med det Högre Jaget och det räknade man med att jag skulle göra. När Tiri fanns i närheten blev allt dubbelt så svårt, men bit för bit lärde jag mig att meditera fram ett annat förhållande till henne. Hon blev en mycket god och tillgiven vän. Jag insåg att den lösningen var den bästa. Det gick inte att lura varken henne eller mig själv om känslorna rann över. Det gjorde de i början. Men hon blev helt enkelt den bästa läromästaren för mig i känslokontroll.

Det låter hårt i mänskliga öron med ordet "känslokontroll", men ordet har inte samma innebörd här som hos er. Här är allt ett uppgående i Helheten och en osjälvisk, obegränsad kärlekskänsla som är svår att förklara för en jording. Där uppfann jag ett bra ord! För er är Ashtar och besökare från andra planeter utomjordingar. För oss är ni, kära världsinvånare, jordingar. Det är ett ord som förpliktar, eftersom ni måste vara ordentligt jordade så länge ni lever på Tellus.

Mina uppdrag blev många och omfattande och ofta skickades Tiri och jag ut tillsammans. Ibland följde Tone med. Tone var en själ som jag inte förstod mig på. Det var lite besvärligt, oss änglar emellan! Han var så undflyende, jag fick inget grepp om honom. Han log ofta i stället för att svara och när vi var tillsammans brukade han plötsligt försvinna utan att säga ett ord. Han var säkert mycket duktig inom sitt område, men han verkade skygg. Han var lågmäld och vänlig. En gång berättade han dock att hans död i cancer förorsakats av hans arbete i ett kärnkraftverk i Ryssland. De andra kamraterna var glada och trevliga och flera av dem tillhörde min själsgrupp. Gästabuden vi hade efter varje lyckat uppdrag var någonting att se fram emot. Vi dansade och sjöng och trivdes mycket bra ihop - och det gör vi förstås ännu.

Jag har berättat om kärnkraftverket. Andra uppdrag bestod i att förhindra utbredandet av översvämningar, att kanalisera vattnet och samtidigt rena det. Vid stora järnvägs- eller fordonsolyckor, där många människor omkom, fick vi se till att de rätta personerna överlevde och ge dem mod och kraft. Jag tyckte bäst om att arbeta med uppgifter som rörde den mörka, doftande mylla jag alltid älskat sedan jag var barn. Jag tyckte om att sväva omkring i skogarna och förbereda naturens väsen på allehanda miljöbesvärligheter, att hjälpa dem med reningsprocedurer av luft, vind och vatten och mycket, mycket annat.

Men det var bara en kort tid jag sändes på sådana uppdrag. Det var "småpotatis", som Tiri kallade det. De stora uppgifterna var att förhindra eller åtminstone minska våld, hat och ondska, företrädesvis i de stora städerna. Jag gillade inte storstäder, det var kanske därför jag skickades till Hong-Kong, New York, London, Paris, Rom och många fler. Storstäder är lika otrevliga för en ande som för en jording, men jag lärde mig mycket. Jag fick aldrig materialisera mig på de här platserna. Jag var luft i luften även om stadsluften var så tjock att den kändes som pannkakssmet.

Min första elev

Vid ett tillfälle när Kualli kallade på mig kom jag direkt från Irak. Det hade varit en otrevlig erfarenhet även om jag var där i hjälpande och förebyggande syfte, eftersom där pågick en moralisk nedrustning som varvades med en olycksbådande krigisk upprustning.

"Du har skött dig bra en längre tid," var Kuallis hälsningsord, som gjorde mig stolt och glad. "Dina uppdrag har rört Moder Jord, därför att du känner sådan speciell samhörighet med henne. Det uppskattar jag, eftersom den gamle indianen sitter lika hårt i mig som statarpojken i dig. Hela mitt jordeliv var en invigning till naturen. Tyvärr kommer det inte att bli mycket natur kvar om inga förändringar sker på jorden snart.

"Jag bär på en dröm, Jan! Jag drömmer att nytt friskt gräs ska växa på jorden och nya fräscha blommor sticka upp sina färgglada huvuden överallt där det finns fri mark. Jag har en dröm att vattnet i sjöar, älvar och hav ska vara fritt från gifter, och att lax och forell ska dansa i bäckarna. Jag drömmer om människor som lever i små samhällen i gemenskap och med fredligt utbyte av ord och gärningar. Jag drömmer om graciösa pilträd som släpar sina grenar i vattnet, medan små glada barn leker på stränderna med naturens egna leksaker: stenar, kottar och pinnar. Jag ser en gammal man sitta mitt ibland dem. Han täljer på en vacker båt medan han berättar sagor och legender från sedan länge svunna tider. Barnen lyssnar, för barn kan alltid lyssna om de vuxna inte tar lyssnandet ifrån dem.

"Jag drömmer om att massmedia används positivt för att hjälpa, lära och glädja människorna samt förmedla gamla kulturer med sedan länge glömda sedvänjor och ritualer. Allt detta skulle jag vilja ge jorden. Inte bara jag, utan hela den eteriska världen vill se en ny jord. Det är vad vi arbetar på, vad vi hoppas på och försöker realisera.

"Jan, jag har ett nytt uppdrag till dig. Jag vill att du ska ta dig an en ung pojke som nyss har kommit hit. Han kommer från en svensk inkarnation och heter Lasse. Han omkom i en motorcykelolycka som var arrangerad av hans eget gäng, som kallar sig Hells Angels. Tone, kom in med pojken!"

Generalen ropade den sista meningen ut i luften och vips var Tone där med en ung man som såg väldigt vilsen ut. Han var lång och lite gänglig, hade ljust rufsigt hår till axlarna och hans smala, bleka ansikte var knappast vänligt. Han bet ihop käkarna och tittade under lugg på mig. Ändå fanns det ett ganska starkt ljus omkring pojken. Ansiktet skulle ha varit vackert om det hade visat ett småleende. De smala händerna med långa välformade fingrar skvallrade om konstnärlighet. Jag omfamnade honom. Han var stel som en pinne.

"Följ med mig," bad jag, "så ska jag visa dig runt." Inom mig undrade jag hur en sådan grabb kunnat hamna i den eteriska världen och om han verkligen skulle lyssna till mig.

"Hur kom det sig att du blev mördad?" frågade jag medan vi promenerade runt i parken.

"Dom gillade mej inte," svarade han enkelt. "Kompisarna alltså! Jag intresserade mej för sånt som dom inte begrep: astrologi, alkemi, esoterik och sånt."

Pojkens ord förvånade mig. Jag hade inte väntat mig kunskap om sådana saker. Men någon anledning måste det ju finnas till att han befann sig här.

"Och nu vill du stanna här?" frågade jag vänligt.

"Nix. Trodde det först, men längtar tillbaka till jorden. Tänkte att jag skulle ge igen åt dom där djä...."

Han hejdade svordomen och flinade lite generat. Alltid något, tänkte jag.

"Så du vill fortsätta med knark, våld och ondska?" frågade jag kallt.

"Det har jag aldrig sagt." Han vände två stora, mörkblå förvånade ögon mot mig och plötsligt sprack det mulna ansiktet upp i ett stort, varmt leende. Så vacker han blev!

"Du vill ju hämnas på dina mördare!" utbrast jag. "Det sa du."

"Man kan hämnas på flera sätt," svarade han, fortfarande leende.

"Jag tänker hämnas med kärlek. Jag ska lära dom vad livet egentligen är. Dom kallade mej "Svarte Messias" eftersom deras svarta själar hade mörka epitet på allting."

"Du talar som om du hade läst en hel del," sa jag förvånad.

"Jag tog studenten förra året," svarade han. "Fick en båge av farsan, en Harley Davidson. Sen var det klippt. Antingen gå med i deras Helvetesänglar eller tråkas av dom varje gång man körde bågen. Så jag hängde med. Men när jag såg vad dom höll på med försökte jag snacka förstånd med dom. Jag var faktiskt väldigt kär i en tjej som var med där också. För hennes skull fortsatte jag att spela med, men till sist gick det inte. Då blev det ajöss i stället. Fem stycken körde på mej ute i ödebygden. Min tjej var med och det gjorde mest ont. Det är liksom så meningslöst att födas till nån slags missionär och inte hinna bli det."

"Och så kom du upp hit?" fortsatte jag att fråga.

"Upp och upp... Trodde först att jag var på nerväg. Men det fanns massor av änglar omkring mej. Har alltid trott på änglar utan "hells" framför, haha! Så jag begrep väl att jag kommit åt rätt håll till slut. Vad ska vi göra nu?"

Det var min tur att skratta. Vilken härlig grabb! Jag gillade honom verkligen.

"Ska du verkligen inte stanna här?" frågade jag. "Det är tufft nere på jorden nu. Vem vet vad du råkar ut för om du hamnar där igen."

"Det är väl inte så farligt," svarade han glatt. "Nu vet jag ju vart jag kommer när jag kolar. Här verkar helsjysst, men nej, jag ska tillbaka. Skam den som ger sej!"

"Då måste du gå i skola hos mig ett tag," varnade jag skämtsamt. "Om du absolut måste tillbaka till jorden så ska du ha något med dig tillbaka. Du ska ha ett uppdrag, en mission!"

"Det låter okej," svarade han och visslade till. "Var börjar vi?"

"Här och nu!" förklarade jag i bestämd ton. "Du befinner dig på en flottbas som lyder under Ashtarkommandot. Ashtar är..."

"Jag vet vem Ashtar är," avbröt Lasse. "Han är bas för hela rymdgänget. Man har väl läst lite av varje om dom där gubbarna. Fast ingenting om dej eller skrivet av dej!"

"Det hade jag inte heller väntat mig," sa jag. "Du föddes långt efter statarnas tid. Men nu ska du inhämta kunskaper som du ska ta med dig till jorden. De läggs i ditt undermedvetna. Vill du tillbaka till Sverige?"

"Absolut!" svarade han med övertygelse. "Helst till samma morsa. Och farsan också, det var inget fel på farsgubben mer än att han aldrig hade tid med mej, för han var politiker med fallskärmsavtal. Så han knegade på ganska bra. Morsan älskade att läsa science fiction- och newageböcker. Jag vill födas i Sverige, men sen vill jag resa till USA och studera indianerna. Jag gillar dom!"

"Det låter bra, Lasse," svarade jag. "Indianerna är ditt ursprung. Men det är en del du ska lära dig innan vi släpper iväg dig. Du måste t.ex. lära dig att ta ansvar för ditt eget liv. Du är en unik individ precis som varje människa. Du har din aura, din karma och dina drömmar. Glöm aldrig vem du är, att du finns här just nu och att du har en egen, fri vilja. Under barndomen behöver du ledning och kärlek. När du blir vuxen får du din egen integritet och måste ta ansvaret för dina handlingar. Vilka föräldrar du får den här gången bestämmer vi inte nu. Detta är min utgångspunkt för att undervisa dig och gillar du den så sätter vi igång."

Han gillade den. Och jag fick min första egna elev i den stora, oändliga skolan!

Jag ser tillbaka på tiden med Lasse som något berikande och lärorikt för oss båda. Ibland kom Tiri med och tillförde våra samtal något alldeles extra. Lasse dyrkade marken hon svävade på och jag myste i mjugg åt ynglingens trånad. Jag kände mig till och med lite delaktig. Jag började förstå mig själv allt mer och det var Lasses förtjänst. Jag förstod också varför Kualli tilldelat mig just den pojken som elev. Det delgav jag den käre indianhövdingen lite senare och tillade att jag var riktigt glad över att mitt och Henriks busstreck fört mig hit.

”Trodde du verkligen det?” utropade Kualli med ett hjärtligt skratt. ”Tror du att det här är en slags straffkoloni? Käre vän, det är en heder, en utmärkelse att få deltaga i Ashtarkommandot. Vi bestraffar aldrig, Jan, vi omstrukturerar. Vi visste hela tiden att det var gott gry i dig och att du var en av våra mest begåvade adepter. Vi är glada över att du trivs med att tjänstgöra här tills det är dags för en ny befordran.”

”Men jag vill vara kvar här,” stammade jag. ”Du har blivit som en far, en bästa vän för mig, Kualli. Du är mitt ideal, en förebild som jag alltid vill bära inom mig.”

”Så så, gossen min,” avbröt Kualli och klappade mig på axeln. ”Inga överdrifter. Vi är alla delar av Helheten. Jag tänker inte sluta vara din vän efter förflyttningen. Du kan träffa mig närhelst du önskar och jag ställer upp som rådgivare om du behöver den sortens hjälp.”

Det var ju en tröst. Jag återvände till min uppgift med Lasse. Han hade ett skarpt intellekt och han lagrade all kunskap på rätt sätt så att den kunde medföras till jorden. I det sammanhanget vill jag säga att de barn som föds till världen nu, de sista åren av det gamla seklet och allt framgent, bär med sig kunskap från våra världar och lagrar den så att den ligger nära ytan och bara behöver lite näring för att komma i dagen.

Lasse bestämde sig till sist för att födas av sin egen lillasyster, som varit fjorton år när han omkom. Nu var hon nygift och drömde om ett barn. Vi hade många och långa diskussioner om hur han bäst skulle använda det ”bagage” han förde med sig. Indianernas gamla kultur utgjorde en viktig del av hans planer för framtiden.

Slutligen kom den stund då jag ledsagade honom till den del av Änglarnas rike där ”födelsekammaren” låg. Det finns födelsekammare både i Ingenmansvärlden, i Astralvärlden och den eteriska världen eftersom det i alla världarna finns själar som vill eller måste återvända till jorden. En sista omfamning och kärleksfulla änglar förde in Lasse i den vackra kammare som var slutstation eller begynnelsestation - vilken betydelse man nu lägger in i ordet. Med tungt hjärta återvände jag till Änglarnas rike. Men där väntade mig en angenäm överraskning.

16. Helia och Sananda

Statarstugan jag älskade så när jag levde på jorden stod där sliten och grå, i sin enkla skönhet bland nyutspruckna björkar, kraftfulla ekar med svällande knoppar och en doft av nyklippt gräs. Blåsippor, vitsippor och enstaka gullvivor täckte marken under träden. Shala och Zar kom ut från stugan och hälsade mig välkommen. Det var min belöning för en lång tid - hur lång vet jag faktiskt inte - av idogt arbete vid Kuallis sida. Hela min själsgrupp kom också dit och vi hade en invigningsfest som var den gladaste jag varit med om. Nu började den "högre" utbildningen för adepten Jan, och jag var tacksam för att jag då och då kunde krypa in i min stuga och njuta av att bara vara till i ett vara som sträcker sig långt utöver människans förmåga att tänka.

Gudinnan Helia - Jungfru Maria

Det var inte enbart Zar som förmedlade den kunskap jag nu fick åtnjuta. Till min outsägliga lycka besökte vi Mästaren Djwal Kul flera gånger och träffade även hans kollegor. Jag fick följa med Zar till De Nio Gamle och jag fick möta Mästaren Sananda, alias Jesus Kristus. Det låter kanske högtravande och uppstyltat i läsarens öron, men så var det inte. Alla dessa möten var glada och gemytliga. Jag kan inte berätta om allt jag fick se och höra, det skulle bli för omfattande. Men lite vill jag förmedla om Elohims värld, om Serafims värld och om Den Store Andens centrala strålvärld. Ibland var jag tillsammans med min själsgrupp, ibland ensam. De världar vi ser på den Kosmiska kartan var inte allt vi såg. Vi reste också till främmande planeter och besökte andra stjärnsystem i andra galaxer.

Helia var den som berättade för mig om Elohim. Det blev ganska kortfattat eftersom det som dessa Mästare uträttar sker på så många plan och i ett sådant omfång att en jordisk hjärna omöjligt kan fatta det. Deras verksamhetsfält sträcker sig över hela vårt universum.

"Men först av allt vill jag tala om Gudinnan," sa hon. "Henne vet du inte mycket om trots att du varit en riktig fruntimmerskarl i flera liv. Jag är Gudinnan. Jag bär i mig solens och månens, dagens och nattens och årstidernas energier. Men jag är också Modern i allt. Jag är yin, Sananda är yang, och om han är Guds son så är jag Guds dotter. Tillsammans är vi Kärleken!

"Ni män har aldrig fått lära er om Gudinnan och därför har det manliga fått övertaget på jorden. Kvinnans ställning har blivit underordnad. Men det har inte alltid varit så. Till stor del är det Gamla Testamentets fel att kvinnoföraktet kommit att spela en så framträdande roll. Tidigare respekterades kvinnorna över hela jorden. Barnaföderskan, modern och älskarinnan upphöjdes som ideal hos fler folkslag än du anar.

"Sedan kom Nya Testamentet med kvinnoföraktaren Paulus. Det är lätt att förakta det man vet så lite om! Ingenstans finner man sanningen beskriven, men detta är sanningen: Sananda och jag är bror och syster, födda ur samma Moder-Fader. Om denna kunskap stått skriven någonstans, vilket var fallet på Atlantis, har den utplånats och glömts. Ändå har ni symbolen med yin-yang-klotet, där svart och vitt är inflätade i jämn och evig liksidighet. Vart har grundbetydelsen av detta tagit vägen? När vi skapades, min broder och jag, var det inte frågan om den starke och den svaga. Det var en exakt likställighet mellan styrka och svaghet, där det ena uppväger det andra och där samarbetet inte bara är bild utan också handling. Men mansdominansen blev ett faktum som tiden gav vingar.

"Det var alltså Gudinnan som försvann och som måste fram igen, i jordens nuvarande århundrade. Mannen håller på att förstöra Moder Jord. En del kvinnor följer med honom för att åtnjuta hans ynnest, andra står maktlösa som åskådare till katastrofen som närmar sig. Men det finns Gudinnor, både här och på jorden. De kan inte framträda utan hjälp från kvinnorna. Ta fram Gudinnan i er, ber jag mina medsystrar. Ta fram Gudinnan, för hon finns där, djupt inne i er, även om ni inte vågar erkänna henne.

"Jag har levt många liv på jorden. I ett av dem var jag Jungfru Maria, då jag i mänsklig gestalt födde min broder Sananda till den nödvändiga gärning han påtagit sig. Det var då jag blev Modern - förut var jag bara systern och dualen. Men jag var också Inanna hos sumererna och Isis hos egyptierna. Min sista "föreställning" på jorden var Jeanne d' Arc, Frankrikes modiga kvinnokämpe. Där visade jag en annan aspekt: kvinnan - krigaren.

"Från begynnelsen fanns bara sju Elohim, men numera är de många. De arbetar inte så mycket med planeten jorden, förutom att de deltar i det Galaktiska Rådet som brukar samlas på Centralsolen. Centralsolen har länge varit belägen på Sirius A. Ur jordiskt vetenskaplig synpunkt är den stjärnan helt obeboelig och består bara av gasfält. Läsaren måste här acceptera att när det mänskliga ögat får kosmiska funktioner och anpassas till nya dimensioner, förändras hela den "verklighet" man tror att man lever i. Många andligt verksamma människor påstår sig ha varit på Centralsolen. Den fysiska människokroppen skulle snabbt förbrännas där, men om någon lämnar kroppen och besöker andra dimensioner kan han/hon programmeras på olika sätt.

"Alla känner till silvertråden som Jan brukar kalla för hundkopplet. Den räcker långt men inte så långt att ägaren tillåts besöka en sådan plats som Centralsolen eller Shamballa. Den räcker faktiskt inte in i den eteriska världen, även om det påstås så. Undersök NDU-upplevelser: ingen kommer längre än till Ljuset, möjligen till Akashakrönikan i Ingenmansvärlden. Personer som tar emot seriösa budskap från den eteriska världen får dock komma till vissa områden som övervakas av Änglarnas och Mästarnas riken. Om man sliter sig ifrån silvertråden och rymmer sin väg måste man stanna på den här sidan. Men det händer sällan. När någon påstår sig ha mött Mästarna i Shamballa eller på Centralsolen är det nog fel namn på platserna. Inte ens jag har fått tillträde till de stora Hemligheterna."

Så långt Helia. Flera gånger har jag talat om hur gigantiskt stort här är. Jag kan bara berätta vad jag personligen har upplevt efter min övergång. Jag säger inte bestämt och kategoriskt: Så här är det! Varianterna är oändliga. Därför ber jag återigen läsaren att ta till sig det som känns riktigt och sant, när jag fortsätter att berätta om Elohim och Serafim.

Elohim är ljusväsen utanför vår begreppssfär. Helia berättade att de har samlat väldigt många högt utvecklade väsen och änglar i sitt rike. De änglar som anslutit sig till Elohim har frivilligt valt att arbeta i stora grupper med hela kosmos. När jag tänker på namnet Elohim får jag denna vision: "gigantiska", "obegränsade" "odefinierbara" och "bestående av ljus i olika former". När jag frågade henne om Elohims värld påminde om den eteriska världen, log hon bara och skakade på huvudet.

"Allt är ljus," sa hon, "men det är *organiserat* ljus. Det finns en otrolig ordning i deras värld. Den är inte uppdelad i riken som här. Jag kan inte beskriva landskap eller byggnader som liknar dem som finns här. Ändå har Elohim kontakt med hela universum, och deras galaktiska nätverk är försett med kontaktstrålar och kommunikationsstrålar som är för avancerade till och med för oss.

"De enda väsen jag kan berätta om som är lite mer "handfasta" är keruberna - cherubim. De finns både där och i änglariket. Hos änglarna är keruberna en lekfull skara som drar fram i skyar av kärlek och glädje. Hos Elohim är samma keruber budbärare, formgivare och sammanlänkare. De kopplar samman allt som behöver samband, gemenskap och enhet. De far omkring som glittrande vindpustar och styr och ställer med energierna och rättar till om något är galet. Det kan faktiskt inträffa felaktigheter häruppe också."

Jag tänkte på alla fel jag gjort och nickade instämmande. Vi brukar tala om den mänskliga faktorn på jorden. Här får vi väl kalla den för det "oväntade faktorn". Man väntar sig inga fel, varken i astralvärlden eller den eteriska - eller hos Elohim. Men så länge tänkande hjärnor finns kan det bli en viss överhettning eller ett överslag. Det händer inte ofta, men det förekommer.

Låt oss tänka oss att Elohims värld höjer sig över de andra som en jättelik springbrunn i ett fyrverkeri av färg och ton. Med ordet "ton" kommer sambandet med nästa värld fram, serafernas värld.

Frågestund med Mästaren Sananda

"Vad annat än toner kan finnas närmast Den Store Anden, omge hans strålvärld och med undersköna klanger tillkännage hans solvärld?" undrar jag.

"När vi talar om seraferna så talar vi samtidigt om Fadern-Modern," svarar Sananda. "Jag vill underlätta för dig genom en liknelse: Tänk dig en stjärna med många spetsar. I mitten finns Den Store Anden och seraferna är spetsarna runt omkring. Seraferna är de yttersta spetsarna på Den Store Andens vilja. De vidarebefordrar hans önskningar och lagar och det sker alltid via toner, klanger, musik. Tonen var det första ljudet i ett tyst och tomt universum. Tonen är en skapande kraft, likasåväl som tanken. Men även tonen måste styras. Den Store Anden styr seraferna och de klingar ut hans budskap till alla hans världar."

"Kan Den Store Anden eller Gud visa sig personligen?" vågar jag fråga. "Har han någon form eller gestalt?"

"Ja," svarar Sananda. "Han är Skaparen. Varför skulle han inte kunna skapa en gestalt åt sig själv när det behövs? Vem är Gud? har så många undrat. Vad tror du?"

"Om jag ska vara djärv," svarar jag, "så tror jag att Gud är ett mycket mångsidigt väsen. Det måste han vara om han ska kunna överblicka sin skapelse. Jag tror att Guds öga finns i vinden och i hela naturen och i våra egna hjärtan. Jag tror att han finns överallt där man älskar honom. Jag tror att han sörjer över dem som hatar honom eller inte vill erkänna honom, lika väl som att han sörjer över dem som krigar i hans namn, eftersom han är Kärleken. Jag tror att han är Helhetens bevarare och centrum. Hans strålkraft finns överallt och i alla. Sedan är det upp till oss andra, både de fysiska och de icke-fysiska, att möta hans kraft med vår egen och säga: "Min vilja är din vilja!" Först då jublar vår själ, för då får den tillträde till de gudomliga tonerna och då släpper vi den egna viljan som hela tiden hållit oss fången i sitt järngrepp."

Sananda gav mig ett varmt leende och tog min hand.

"Du har så rätt, Jan," sa han. "Fadern kan anta vilken skepnad han vill. Han brukar alltid vara med i det Galaktiska Rådet. Men han är också precis den du beskriver: ett bestående centrum för den universella kärleken i Helheten. Låt oss nöja oss med det. Vi vet att han inte är en främling som står högt över oss, han är en av oss när vi så önskar och han finner det rätt. Han tar emot våra böner och önskningar och han svarar när vi talar till honom, om han anser att vi behöver ett svar. För den som hundraprocentigt sätter sin tillit till honom är han en klippa. Vad kan jag mer säga?"

"Den stränge domaren och blodtörstige despoten som Gamla Testamentet kallar Gud eller Herren, tror jag aldrig har funnits," svarade jag fundersamt. "Har han det?"

"Jo, han är en högst påtaglig kraft från en värld som jag inte vill kalla god," löd svaret jag fick, "och han heter Godonda."

"Men en sak skulle jag vilja veta, Mästare," bad jag. "Hur kan du visa dig för människor på olika ställen på samma gång? Sker det också med tankens kraft?"

"På sätt och vis, min vän," svarade han. "Jag ska förklara mig tydligare. Det handlar mycket riktigt om projicering. Jag har förmågan att projicera mig själv samtidigt på flera ställen. Jag finns alltså här, i den eteriska världen. Min projicering går ut från min aura i form av ett slags hologram, men inte riktigt vad du menar med hologram. Om jag kallar det "tänkande hologram" - hur uppfattar du det?"

"Det är otänkbart!" utbrast jag omedveten om dubbelmeningen. Sananda skrattade hjärtligt.

"Där ser du!" sa han. "Ännu sitter det kvar en hel del jordiska uppfattningar i Jan. Men det otänkbara kan vara ytterst tänkbart och tänkande, det försäkrar jag. Det är till och med ett talande hologram jag sänder ut. Impulser från min hjärna går ut i hologrammen som gör sken av att vara gestalter i kompakt form, men som är helt upplösbara. När jag är färdig med mitt ärende så upplöser jag projiceringen med tankens kraft. Det är ett mirakel för människorna men för mig bara ett tekniskt kunnande. Det kunde jag redan när jag var Jesus."

"Så du var ett hologram då?"

"Visst inte. Jag lät mig födas av en kvinna, så jag var alldeles substantiell. Men jag hade dessa kunskaper inbakade i min hjärna redan som barn och det fanns en öppen kanal till min Fader-Moder i "himlen". Jag kallade det "himlen" för att det var omöjligt att förklara de olika världarna i kosmos för den tidens vidskepliga människor. Just nu är det kärnan av Sananda du talar med. Vi kallar den ursprungliga monad-individen för "kärnan", så förstår du bättre."

"Vad är jag då? En ande?"

"Du tillhör änglarnas värld och du är en av dem. Det vet du. Din nuvarande verklighet är precis lika verklig som när du levde på jorden. Men här är ditt liv för det första evigt, för det andra har det ett mycket vidare perspektiv och för det tredje är du fortfarande "du". Din strävan att få ingå bland Mästarna innebär en prövotid som i jordiskt tal omfattar cirka tusen år. Blir du skrämd av detta?"

"Det får ta hur många tusen år som helst," svarade jag glatt. "Jag är beredd att prövas om och om igen. Min själsgrupp ingjuter mod och tålamod i mig så ofta jag möter dem - och det är ofta. Vi börjar nu bli ett team som inte önskar inkarnera någon mera gång. Vi är hårt sammansvetsade och delar allt med varandra."

"Men du ska veta att det dröjer innan du blir mogen för "tänkande hologram"," varnade Sananda. "Vi är en särskild grupp som har lärt oss den konsten av vår store lärare Melchizedek, Mästaren över Mästarna. Hans namn har utnyttjats i många sammanhang på jorden, men det spelar inte så stor roll för han har många andra namn. Han var härskare på Zio när planeten drabbades av kometen och på Atlantis långt före dess undergång. Numera hör han också till det Galaktiska Rådet och han är den av oss som till fulländning behärskar projicerandets svåra konst. Han kan finnas på säkert tjugo platser på en gång och förefalla helt fysisk, men hans kärnväsen befinner sig i Elohims värld.”

”Hör han till De Nio Gamle?” frågade jag nyfiket.

”Det får jag i så fall inte upplysa dig om,” svarade Sananda kryptiskt. ”Många kallar Mästarna för Hierarkin. Vi är inte så glada åt det uttrycket, eftersom vi är världstjänare. Vi är kosmiska tjänare, vi tjänar Den Store Anden och hans närmaste råd, som är av stor helighet.”

”Det låter invecklat för mina öron,” anmärkte jag. ”Det låter nästan religiöst.”

”Hur vill du att det ska låta när man talar om Skaparen och hans Skapelse?” frågade Sananda leende. ”Vördnad och ödmjukhet är dygder som du ännu saknar, käre vän. Protestera inte, jag menar det inte som kritik, det är bara en vänskaplig klapp på axeln. Din nyfikenhet är bra, din upptäckarlust ännu bättre och vi tar inte din vanvördighet på allvar. En rättvis kritik rensar bort överdrifterna. Men nu är det dags att skicka dig på nya äventyr! Man kan inte bara prata sig till fakta, man behöver erfara dem.”

”En sak till skulle jag vilja veta innan vi skiljs åt,” skyndade jag mig att säga. ”Vad ska man tro om allt tal om uppstigandet till femte dimensionen?”

”Ordet ”uppstigande” är kanske lite missvisande,” smålog den som bäst av allt borde veta svaret på min fråga. ”Det låter som om jorden skulle skjutas upp i kosmos som en raket och all miljö plötsligt skulle omvandlas till perfekt harmoni och skönhet. Människorna skulle, lika snabbt som jag viftar med min hand, förvandlas till änglalika väsen. Allt våld, all ondska, krig, ond bråd död i alla former, droger, genmanipulationer, miljöförstöring - allt som kort sagt ger pengar, skulle försvinna i ett huj. Inte ens jag som en gång korsfästes för människors otros skull, tror på någonting sådant. Nej, så fort går det inte att förändra världen. Den *ska* förvisso förändras. Meningen är att den ska transformeras tillika med sina invånare, men omvandlingen sker inte utan smärta. Och kan du säga mig, Jan: Vad skulle människorna lära sig av en så snabb förvandling? Jorden är deras skola och ingen skola släpper sina elever utan examen. Så lätt får det inte lov att bli, för då förlorar alltsammans sin djupaste mening.”

”Uppstigandet gäller inte bara jorden,” invände jag. ”Innan dess ska människorna enligt nutida ”profeter” tas upp i farkoster till enorma rymdskepp, där bland annat du finns. Där ska de få välja sina vidare öden eller förpassas till någon planet som tar emot skräpet och fostrar det."

Sananda skrattade högt.

"Det var då att ta i!" utbrast han. "Det bestäms inte på förhand vart människor, inberäknat skurkar, ska ta vägen. Det är en helt och hållet individuell fråga. Jag känner till allt om upptagningarna, som av en del kallas uppståndelse. Från vår sida är det ett frivilligt projekt. Det fordras dessutom en del träning, annars kan det orsaka svåra chocker. Jag förnekar visst inte att upptagningar redan skett och kommer att ske i framtiden. Även gruppupptagningar kan förekomma. Men det sker varken genom självmord, som några tycks tro, eller genom masslandningar av UFO:n som sveper med sig väldiga människomassor. Det sker genom stillhet, bön och vissa övningar som mildrar övergången.

"En del människor har redan bestämt sig för att bli upptagna och har kanske velat det från tidig ålder. Dem hjälper vi, eftersom de redan nu står med ena foten på andra sidan gränsen. Men de kommer heller inte hit förrän de fullgjort sin karma. Många av våra systrar och bröder har sänts till jorden för att utföra ett uppdrag eller för att göra klart sin egen utveckling och framför allt lära sig att höja medvetandet i de situationer där det behövs. De vet att det är deras sista inkarnation på jorden och när de kommer tillbaka hit återförenas de med sina arbets- eller själsgrupper."

"Det skrivs massor med böcker om hur upptagningarna ska ske och de är daterade," invände jag återigen. "Så vitt jag vet har inget datum stämt ännu."

"Låt universum få ha sina hemligheter! Låt nuet vara skeendets ledande kraft. Sköt om dig, min vän, och grubbla inte mer över framtiden. Låt människorna planera och Skaparen regera, eller kanske snarare regissera."

En snabb omfamning och den store Mästaren var försvunnen. Jag kände mig lite omtumlad när jag satt i den stora skimrande Änglapyramiden där jag fick en stor del av min undervisning. Det var som ett enda jättestort pussel, men några av bitarna började komma på plats, även om många av dem ännu saknades. Skulle de någonsin komma till rätta?

17. Utomjordisk Kontakt

De flygande farkosterna hade många olika namn. De kallades vimanor, merkabahs och UFO:n. Det var på en flygtur med en sådan som jag upplevde äventyret som Sananda förberett mig på.

Jag har varit i alla världar, jag har besökt andra planeter, jag har av och till besökt min älskade Moder Jord och jag har till fullo lärt mig att anpassa mig till det liv jag lever här och nu. Jag kan under inga omständigheter kalla det för "död", eftersom det ordet innebär ett kallt och stelt ingenting som läggs ner i mullen eller bränns i eldens lågor. Den obönhörliga död människan ständigt fruktar finns inte. Vad betyder skalet du lägger åt sidan när du äter frukten? Vad betyder dina gamla utslitna kläder som är mogna för soptunnan? Du vill inte använda dem mer, och du saknar dem inte. Du är faktiskt glad över att vara av med dem så att du kan använda de nya, lättare plaggen. Din omgivning som var van att se dig i de gamla kläderna kan inte komma över att du har kastat dem. Det är faktiskt en form av snålhet från deras sida.

Jag tänkte i de banorna redan under mitt jordeliv, när jag skrev om den gamle soldaten som blev så glad när han upptäckte sin nyvunna frihet på kyrktornet hos tuppen. Jag längtade inte efter döden då men spekulerade i vad den innebar. Jag fruktade inte döden - jag var som vanligt nyfiken. Jag fick aldrig någon fin utbildning i det livet, men det finns något som heter "hjärtats bildning". Den fanns djupt rotad i mig, för den innehåller sanning, rättvisa och klokskap.

Kanske var det därför jag redan från början inte kände mig ett dugg främmande i Änglarnas rike. Inte heller i Shamballa. När mitt hem var på Moder Jord ansågs jag för ganska luddig, särskilt på slutet när jag öppet berättade om min tro på ett liv efter detta. Jag hävdade att mitt jordeliv var till låns och att mitt rätta hem var på högre ort. Sådant retar alltid de lärde, de som vet allt och inte tror på någonting.

Shala, Zar och jag sändes på uppdrag. Vi visste ännu inte destinationen när vi satt i farkosten som förde oss till jorden. Det fanns en fjärde person med oss, en man som jag inte kände. Han hörde till "utomjordingarna". Han hade stort huvud och stora ögon, rudimentära anletsdrag, smal kropp av medellängd och bara fyra fingrar på varje hand. Han var en mycket vänlig och sympatisk person och jag tyckte genast om honom. Han hette Moos. Det var han som var huvudpersonen i uppdraget. Hans kropp var materialiserad, eftersom han skulle bli en länk mellan oss och jorden. Med sin person och sitt uppträdande skulle han kunna bli ett bevis för jordingarna att rymdväsen är ofarliga och att de gärna vill samarbeta med människorna.

Moos var en mycket kunnig person. Han hade resurser till sitt förfogande som skulle kunna rädda jorden från att förgöras av sina egna. Han var beredd att ta upp striden med de herrar som styr jorden: inte en ond strid utan en kärlekskrigares utmaning. Han var osårbar liksom vi. Men om han blev illa behandlad måste vi återvända. Vi skulle osynliga stå vid hans sida.

Det här var ett storpolitiskt uppdrag. Vår farkost skulle landa på en liten plats i Kanada i närheten av en mindre stad där toppmöten sker. Detta var nytt och spännande för mig som inte riktigt hängde med i historieskrivningen sedan jag gick över för så många år sedan. Politik har aldrig varit mitt bord, men en rättmätig ilska mot makthavarnas förmåner och självtillräcklighet kunde jag ännu dra fram från statarpojken Jan. När vår farkost landade steg jag ner på en främmande bit av jorden, med uppdrag att förhindra de katastrofer som eventuellt väntade.

Skrämda människor närmade sig. Moos ställde sig framför skeppet och höjde varnande händerna. Människorna stannade genast. Det var tre vuxna och tre barn. De kände tydligen till att strålningen från ett UFO kan vara skadlig. Shala, Zar och jag gick fram och tittade närmare på de rädda människorna. En liten brunlockig flicka påminde mig om någon jag hållit kär på jorden, och jag satte mig på huk bredvid henne och strök henne över håret.

”Var inte rädd, liten,” viskade jag i hennes öra. ”Vi vill dig inget ont.”

Flickan varken såg eller hörde mig. Ibland är det bekvämt att vara osynlig, ibland jobbigt. Vår plan var att Moos skulle försöka få kontakt med människorna, även om de verkade misstänksamma. Han talade utmärkt bra engelska och med ett vänligt leende och utsträckt hand gick han fram till en av männen. Det var två män och en kvinna. Han förklarade att det blivit ett litet fel på farkosten, som höll på att repareras. Den äldre av männen stod kvar när Moos kom nära honom, men han skakade inte hand. Ett av barnen, en pojke i åttaårsåldern, rusade fram och tog tag i Moos. Utomjordingen smålog och lyfte upp pojken. Då kom fadern fram och frågade om Moos ville följa med dem hem en stund och berätta var han kom ifrån och vad som hänt med farkosten. De bodde i närheten.

Under tiden såg jag att den äldre mannen gick åt sidan och använde en liten svart apparat som han satte för örat. Han pratade upprört ut i luften. Jag har senare fått veta att det numera finns trådlösa telefoner på jorden. Moos satte sig på marken och pratade vänligt med pojken och den brunhåriga flickan. Modern höll krampaktigt det minsta barnet i famnen.

Ingenting hände på en stund. De båda männen pratade med Moos, men plötsligt hördes bilsirener och fyra polisbilar kom i vild fart. Sex poliser rusade ut ur den första och tog omilt tag i Moos. Han vände sig om och blinkade till mig innan två poliser lyckades dra en säck över hans huvud. De andra rusade till den plats där farkosten nyss stått. Den var försvunnen. Shala började skratta hejdlöst.

"Såg du deras miner?" frågade hon mig. Men jag var orolig för min nyvunne vän Moos, så jag tittade uppgivet efter den försvinnande polisbilen. De andra polisbilarnas besättning språkade en stund med mannen som larmat dem, och sedan följde både de vuxna och barnen med poliserna. Vi stod kvar utanför vår farkost, som hade gjort sig osynlig. Hallå, läsare, det här är ingen science-fictionberättelse och inte heller en scen ur Stålmannen! Farkoster kan bli osynliga både i luften och på land. De har lättare att dematerialisera sig än vad vi har.

En politisk världskonferens får kosmiskt besök

"Nu är det vår tur att förflytta oss," kommenderade Zar. Vi tog varandras händer och blundade. Zar mumlade något som förde oss till en stor byggnad i den lilla kanadensiska stadens förort. Osynliga satte vi oss i en soffa i ett rum som såg ut som ett väntrum. Det dröjde inte många minuter innan vi hade Moos med oss. Under tiden hade en vakt ställt sig framför en stor dubbeldörr i rummet. Moos drog upp kragen på sin rock och drog ner hatten över pannan. Han gick fram till vakten och bad honom att öppna dörren. Vakten svarade att det var konferens därinne. Sedan upptäckte han förmodligen att Moos såg underlig ut och började treva efter sitt vapen. Men han hann inte få tag i det innan Moos sövde ner honom.

Därefter steg vår rymdman in i konferensrummet, tätt följd av oss tre.

Människorna kring det långa bordet tystnade och allas blickar vändes mot Moos, som tagit av sig hatt och rock och stod där i sin glänsande rymddräkt.

"Jag hälsar er!" sa Moos på sin oklanderliga engelska. "Jag har kommit hit för att hjälpa er, politiker från många länder, att rädda jorden."

En man reste sig upp och utropade ilsket:

"Är det någon slags maskerad, det här? Är du en ensam bandit eller finns det flera? Var är vakten? Huka er ner allesammans ifall han har skjutvapen!"

Alla de andra, cirka tjugofem personer, lade sig pladask på golvet. Så komiskt det såg ut. Jag hade svårt att hålla mig för skratt. Stora, vuxna människor rädda för en liten vänlig utomjording.

"Jag försäkrar att jag kommer från yttre rymden," ropade Moos och höll upp sina fyrfingrade händer. "Jag har kommit hit för att hjälpa er. Jag begär att få delta i mötet."

"Det är en konspiration!" skrek någon.

"Kalla på polisen!" skrek en annan.

Medan polisen trodde att de hade Moos i gott förvar hade denne lugnt tagit sig ut ur fängelset. Han stod livs levande i konferensrummet och ändå ville ingen tro på det han sa.

"Jag vill hjälpa er att förstå hur illa det är med er jord," fortsatte han. "Ni kallar er miljövänner men gör inte ett dugg för miljön. Allt som skrivs är bara tomma ord. Har det skett några undersökningar av haven efter kärnvapenproven? Har ni tagit prover av luftföroreningarna runt om i hela världen? Kollar ni ozonskiktet regelbundet och sätter i gång aktiva förändringar av utsläpp som förorsakar det? Kan ni förklara väderleksförändringarna? Har ni slutat sälja vapen till varandra? Har ni åtgärdat narkotikaförsäljningen över hela världen eller anser ni att den är en nödvändig utrotande faktor? Vill ni utrota den uppväxande ungdomen? Vill ni svälta ut delar av befolkningen i u-länderna?"

I min iver att hjälpa Moos materialiserade jag mig. Jag hörde svenska talas från ett håll i rummet och jag tänkte att jag kanske kunde förklara för mina landsmän varför vi var där. Jag glömde bort vem jag var och förvandlades snabbt till den jordiske Janne.

"Titta, där är en till!" ropade någon. "Var kom han ifrån?"

"Han har glömt att ta av sig särken!" utropade ett kvickhuvud i bakgrunden.

Jag tittade ner på mig själv. Jag hade glömt att materialisera fram en skjorta och ett par byxor, så jag stod där i min blå kaftan. Och vad värre var: nedanför den syntes mina nakna ben och fötter, där tårna spretade ut som glada jönsar på den mjuka mattan.

"Är det någon som vet om det är karneval i stan?" frågade en äldre man. "Och hur de här minst sagt märkliga typerna har kommit in?"

"Hur vet du att det inte är FBI?" ropade en ängslig kvinnoröst.

Små svarta telefoner sattes snabbt till många öron, men då sträckte Moos upp handen i luften. Den stora lampan över konferensbordet slocknade liksom all annan belysning. Han hade åstadkommit kortslutning i hela byggnaden. Jag hurrade inombords. Shala viskade till mig att genast dematerialisera mig eftersom min röst inte fick höras. Bakom mig hörde jag Zars låga skratt. "Vi arbetar bättre osynliga," försäkrade han mig ur mörkret. Några ljushuvuden hade kommit på att det fanns kandelabrar över den stora öppna spisen och de försökte tända dem - men förgäves. Moos satte punkt för all slags belysning, både inne och ute. De polisbilar som var på väg för att fånga in den förrymde fången stannade bara. De kom inte längre. De som försökte ta sig in i byggnaden hindrades av en osynlig mur.

Upprörda röster hördes. Moos äskade tystnad och ropade ut sitt meddelande högt och klart.

"Jag är inte utklädd!" försäkrade han. "Jag är Moos, besökare från en planet i den här galaxen. Med bävan ser vi att jorden förstör inte bara sig själv, utan förstörelsen når långt ut i rymden och drabbar oskyldigt liv även där. Osynliga arbetare från en utomjordisk rymdflotta arbetar dag och natt på att försöka begränsa nersmutsningen och förgiftningen. Jag har sänts hit för att informera er om detta och be att jorden svarar på vår appell. Det finns ännu möjligheter för er att överleva och att reparera åtminstone en del av skadorna. Vi önskar samarbete. Vi vill ha bort det onda som sker på er jord, det nedbrytande och genmanipulerande som ni tror ger er ett försprång i universum. Tvärtom befinner ni er på ett lågt stadium jämfört med de flesta andra bebodda planeter.

"När ljuset tänds finns ingen av oss främlingar kvar här. Ni som sitter vid detta bord har makt och inflytande i era länder. Ni gör upp planer för den ekonomiska och strategiska världssituationen i den här byggnaden. Den är rigoröst bevakad, men ni ser att det endast behövs att jag höjer handen för att ändra på det. Ägna er i stället åt det kulturarv ni alla borde vårda. Ge era gamla kulturer chansen att omskapa framtiden i samklang med det nya. Om ni vill samarbeta med oss så ställer vi vårt kunnande och vår praktiska hjälp till ert förfogande - men inte under tvång eller i fångenskap som nu sker med vissa främmande besökare. Låt er kärlek möta vår. Begrunda noga att jorden aldrig gjort er något ont. Det är ni som har skadat henne. Hon har delat med sig av sitt överflöd. Ni har begagnat er av det för att få makten i era respektive länder.

"Jag är ledsen att jag nu måste tala till er i mörker, men ljuset gagnade inte mitt budskap. När ni har tänkt över den nytta ni kan ha av ett samarbete, behöver ni bara gemensamt zooma in mitt namn, Moos.

När elektriciteten strax därpå kom tillbaka till området, befann vi oss i vårt rymdskepp. När polisen kom in i konferenshuset hade i princip ingenting annat hänt än att ljuset slocknat och att politikerna var irriterade. Konferensdeltagarna bestämde sig för, hörde vi sedan, att inte låtsas om det utomjordiska intermezzot så att pressen fick tag i det. Jag tror att de betraktade oss som utklädda skojare. Sanningen och allvaret i Moos ord hade kanske gått in i medvetandet hos några av deltagarna men resultatet var ovisst. När det har gått så långt att människor inte tror på vad de ser och upplever, då är det mycket allvarligt. Politikerna vågade inte tro. De vågade inte tro på besök från en annan planet, att det kan finnas hjälp för jorden utanför det fysiska, att de kan kalla på hjälp av Moos. De vågar bara leva i sin fysiska verklighet. Om bara en av dem kunde visa en gnutta medkänsla eller inse de faror som lurar runt hörnet, eller ännu hellre tala om dem, så kanske ett nytänkande kunde påbörjas. Men rädslan står i förbund med makten, som står i förbund med stora pengar, och där är det stopp. Där inryms inga utomjordiska tankegångar. De förstår inte att de inte får någon hjälp förrän de ber om den.

Vi hade hjälpt Moos med strömavbrottet och med den osynliga muren utanför konferensbyggnaden. Det var första gången jag deltog i en så stark gemensam tankeprocess och det kändes bra att veta hur starka vi är tillsammans utan fysiska kroppar. Det här var dock inte sista gången vi deltog i något liknande. Vad ni, kära läsare, kallar för framtiden är full av försök att få människorna in på nya och positiva insikter.

18. Om Auran och Chakrana

Vid ett tillfälle då jag tillsammans med Zar besökte Djwal Kul i Tibet, fick jag en mycket ingående föreläsning om auran och våra chakran. Jag tror säkert att många av mina läsare studerat dessa ting, men den lille tibetanens undervisning skiljer sig kanske ändå från det vanliga. Jag varvar mina egna äventyr i mitt kosmiska liv med visdomslärarnas urgamla kunskaper, för att denna visdom inte ska bli alltför svår att förstå. På samma sätt varvar jag gammal kunskap med ny. Jag ska nu kortfattat redogöra för auran och chakrana för dem som inte känner till dem.

Aurafärgerna, räknade inifrån och utåt - uppåt, är rött, orange, gult, grönt, blått, indigo och violett. I varje färg finns naturligtvis otaliga nyanser. *Rött* står för det fysiska, *orange* för det psykiska och *gult* för intellektet. Dessa tre hör mycket starkt samman. Den *gröna* färgen står för naturen, för anlag och vägar. De två *blå* och den violetta visar en stigande kurva av andlighet.

Dessa sju basfärger är mer eller mindre utvecklade hos alla människor. De kan vara helt eller delvis dolda av sjukdomar och problem, men de finns där och de varierar efter människans olika tillstånd, förmågor och upplevelser. Under graviditeten sprängs ett solfjäderformat fält in i moderns aura. Detta betecknar det växande embryot och lämnar modern vid födseln.

Chakrana är kraftcentra i kroppen som består av energiformationer. Själva ordet "chakra" är sanskrit och betyder hjul. Vi ser alltså dessa energiansamlingar i form av hjul som roterar och utstrålar olika färger som har direkt samband med auran. Det finns sju kända chakran:

• *Rotchakrat,* som betecknas med röd färg, sitter nederst på ryggraden. Det styr det fysiska och det kreativa hos människan.

• *Mjältchakrat* betecknas med orange. Det är beläget i mjälten och styr matsmältnings- och assimilationsprocesserna.

• *Solarplexus* är gult och styr adrenalinkörteln, bukspottkörteln och levern.

• *Hjärtchakrats* färg är grön. Det styr blodomloppet och hjärtat.

• *Strup- eller halschakrat* har blå färg. Det sitter bak i nacken och styr andningen, strupens sjukdomar och sköldkörteln.

• *Pannchakrat* eller Det tredje ögat har indigofärg. Det styr tallkottkörteln och reglerar på många sätt psyket.

• *Hjäss- eller kronchakrat* är violett. Det är starkt sammanbundet med den kosmiska världen.

Allt detta vet ni säkert redan. Om inte så är det värt närmare studier. Tibetanen har en egen version om samarbetet mellan aura och chakran. När jag satt med Djwal Kul och Zar i det vackra lilla huset i Tibet och lyssnade till visdomsorden som flöt fram i samma jämna ström som vattnet i dalsjön utanför, frapperades jag av enkelheten i undervisningen. De klara beskeden var inte inlindade i alltför många ord eller utsmyckningar. De gick in direkt på den psykiska avdelningen. Människor krånglar till det i onödan. Om en vis man talar så vill en annan vara ännu visare och bygger på den första visdomen med sina egna idéer, och så kommer nästa och det blir en så hög byggnad att grunden inte längre håller utan alltsammans rasar. Mycken visdom har gått den vägen.

"Ni kan auran," sa Tibetanen, "och ni kan era chakran. Många har funderat på hur de ska kunna binda samman dessa två kunskaper till det rätta systemet. Då talar jag om för er att det inte finns något system. Alla chakran har direkt kontakt med auran, och strålningen dem emellan går automatiskt när en människa är frisk. Har hon däremot minsta störning i auran eller i ett chakra så blir det annorlunda. Jag ska förklara hur och varför.

"Ett chakra är ett hjul som snurrar. Men inte bara det: varje chakra har sina färger, ihopbundna till ett mönster med olika fält som liknar ringarna på den Kosmiska kartan. Rotchakrat har lägsta antalet fält och kronchakrat det högsta. Fälten roterar och visar upp mängder av färger. Färgerna flyter in i varandra, men man kan ändå se att de lägsta chakrana har mörkare nyanser än de högsta.

"Om vi utgår från de färger jag gett er från början - vilka funnits från begynnelsen, trots att så många försöker ändra på dem - så bildar färgerna olika mönster i hjulen. Varje färg motsvarar samma färg i auran. När det gäller sjukdom måste man i första hand tänka på att strålningen mellan chakra och aura ska ske i motsvarande färger. Ett chakra är inte bara en "färgboll" utan innehåller mycket starka energiströmmar, det är helt enkelt laddat med energi. När en färg från chakrat möter en färg i auran medföljer alltså ett visst kvantum av energi. Denna laddade energi är komprimerad. Tänk er att två färger som inte hör samman av misstag skjuts ihop. Det ger ett dåligt, kanske katastrofalt, resultat. Därför gäller det att veta om sjukdomen är enbart fysisk eller om den är påverkad av det psykiska eller mentala.

"När man är frisk roterar chakrana snabbt, men om man är sjuk roterar de långsammare eller är helt avstannade. När energistrålning ska ske måste man stanna det aktuella chakrat. Det får inte stå stilla längre än den tid det tar för att (med stark tankekoncentration) lossa en energistråle av önskad färg och anbringa den på rätt ställe i auran. Genom att vi har denna lagrade energi i våra chakran, vare sig vi är sjuka eller friska, finns alltid möjligheter till botande. Energilagret är inte sjukt. Man kan se chakrana som kroppens motorer, som ökar eller minskar vibrationshastigheten i kroppen.

"Hur botar man då med energistrålar av rätt färg. Först och främst behöver man veta vilka sjukdomar som botas med vilka färger (se i slutet på boken). Sedan lokaliserar man det chakra som finns närmast det sjuka stället. Därefter undersöker man om detta chakra är i god balans, dvs. snurrar som det ska. Det går inte att använda om det står stilla. Botandet sker genom ett samarbete mellan chakrat, auran och tankarna på så sätt att man börjar med chakrat. Medan det snurrar drar man ut en spiral ur det. Spiralens spets ska finna kortaste vägen till den del av auran som ska behandlas. Tanken måste vara med hela tiden, leda och följa skeendet. När spiralens spets nått målet i auran och tanken ställer in sig på botandet av den aktuella sjukdomen, känner patienten värme på angivet ställe. Om stark värme inte känns så har spiralen inte nått sitt mål. Då får man göra om det och se till att chakrat rör sig. (Gäller det en psykisk sjukdom är det alltid runt hela huvudet värmen kommer, ofta mest på hjässan). Det är inte svårt, men det fordrar stark koncentration.

"Energilagret finns alltid i alla människor, hur ointresserade de än är av alternativt botande. Det är hårt förpackat inne i chakrahjulet och därför måste man vara försiktig när man drar ut spiralen. Den innehåller energi som utlöses i form av strålning. Hela spiralen appliceras på auran för att absorberas där när strålningen är fullbordad. Man måste alltså "fälla ut" en spiral varje gång man bestrålar någon. Observera att strålningen är lika stark som radioaktiv strålning, men den är helt ofarlig eftersom det blir en ren uppsamling av kraft i chakrat och ur denna kraft eller energi avskiljer sig en lika ren strålning."

"Tänk," utropade jag beundrande, "att vi alla har små

förvaringscentraler av ren kraft i våra chakran utan att begripa hur vi ska använda dem! Hade jag bara vetat något om detta i mitt Janne-liv så hade jag satt i gång en lavin.”

”Tiden var inte mogen för det då,” svarade Tibetanen stilla. ”Det är nu en lavin behövs. Det bästa resultatet av en chakrabehandling får man när arbetet utföres i kärlek och av kärlek utan inblandning av pengar. Men det är tyvärr långt till den dag då människan inser detta. Profiten ligger i tiden och det blir bara värre. När ska människan lära sig att leva efter Kärlekens lagar?”

”Inte så länge en samling yrkespolitiker styr henne,” svarade jag förargad. ”Jag tror att de flesta politiker väljer det yrket för att tjäna pengar. Andan i Kanada kändes sådan.”

”Men de var väldigt förtjusta i dina nakna fötter!” retades Zar. ”Det är nog snart dags att vi uppträder lite mer påtagligt på arenan. Det tjänar ingenting till att beskärma sig över politiker eller präster, dumma lagar och förordningar. Vi måste agera. Vi varnar genom böcker som denna och andra, men om varningarna inte hörsammas måste det Galaktiska Rådet vidta åtgärder.”

”Vi pratade om chakrana och auran,” påminde jag lite försiktigt. ”Har jag fått veta det jag behöver veta?”

”Ja, det tycker jag nog,” svarade Tibetanen. ”Det är det heliga tretalets samband som blivit glömt i det sammanhanget. Jag har mitt eget namn på det, nämligen Trippelalliansen. Auran, chakrana och tänkandet i symbios. Det finns många bra chakraövningar men det viktigaste är att se till att chakrana snurrar. Det kan vem som helst med känsliga fingertoppar göra. När det gäller de fyra nedersta chakrana använder man hela handen. De tre översta kan man lättast känna med pek- eller långfingret. Det känns en vibrerande rörelse i fingertoppen, ibland i hela handen om chakrat fungerar rätt.”

”Kan det aldrig snurra baklänges?” frågade jag intresserat. Tibetanen log.

”Det gör det säkert på dig just nu,” skämtade han. ”Jo, min gosse, visst kan det snurra baklänges. Det är inte alls bra och måste åtgärdas. Det gör man med koncentrerad visualisering av den ”rätta snurren” och medsols hand- eller fingerrörelser på det utsatta chakrat. En människa kan mycket väl leva med chakran som går baklänges, men det blir inget bra liv.”

”Jag har läst om väckningen av olika chakran,” anmärkte jag. ”I många jordiska böcker talas det om att alla våra chakran inte är vakna ännu. Det betyder väl att de inte snurrar?”

"Javisst," svarade Djwal Kul. "Jag talade förut om vakna chakran som används tillsammans med auran och tanken: trippelalliansen. Sovande chakran är också mycket vanligt hos s.k. vanliga människor, som inte har några som helst andliga insikter."

"Vaknar chakrana av sig själva när man är andligt intresserad?" frågade jag.

"På sätt och vis," svarade Tibetanen. "Chakrana är energigivare och kraftfördelare i kroppen, men ibland behöver de en påstötning för att bli medvetna om sin uppgift."

"Vi har kvar våra chakran, Jan," kommenterade Zar. "I våra eteriska kroppar är de kraftkällor som ständigt står i kontakt med auran."

"Hur då?"

"De signalerar till varandra!" utropade Zar. "De samarbetar. Det är ingen risk för sjukdomar hos oss därför att tankens renhet är ett krav i den eteriska världen."

"Det är nog inte genomförbart på jorden," muttrade jag. "Tack för en intressant lektion!"

19. Om Bön och Meditation

Bön är ett kapitel för sig. Jag har aldrig varit så värst mycket för varken bön eller meditation. Visst har jag kunnat be i svåra stunder, djupt inne i de mörka kamrarna. När jag först kom hit var det ett problem för mig. Jag var inte van att meditera men däremot att sitta tyst och begrunda. Det var jag väldigt bra på, det sa alltid hustru min. Meditation är något som har vuxit upp de senaste åren, något som börjat blomma och fröa av sig. Det härstammar från Fjärran Östern, men det var även vanligt hos Solens och Stjärnornas folk. Det var där det började. Transcendental meditation bredde ut sig under mina sista år på jorden, men jag var aldrig särskilt intresserad av att betrakta min navel. Nåja, nog vet jag att det är mer än så, att det gäller ett ord som kallas "mantra" som man ska tänka på. Det tilltalar mig inte särskilt mycket. Ska jag meditera så vill jag tänka på något vackert, helst ute i naturen. Jag kan inte måla annat än i ord, men jag har alltid beundrat god konst. Jag kan sitta länge och njuta av ett vackert konstverk - är inte det meditation?

När jag kom hit blev meditationen det första jag fick lära mig i Änglaskolan. Det var en pärs! Men våra lärare här har både humor och tålamod och det var vad jag behövde. Jag lärde mig meditera genom att inse att det är mycket enklare än man tror. Om tankarna far omkring som yra möss så är det förlåtet. Bit för bit lär man sig att stänga av dem och gå in i ett slags vacuum, en blåvit, skimrande dimma, varifrån man sedan lättare kan komma fram till det man ska meditera på. Naveln var inte alls med. Vi mediterade på kärlek, vänskap, glädje, skönhet, gemenskap, tålamod m.m. Vi fick göra upp vilka historier vi ville omkring de positiva egenskaperna och gärna ställa frågor efteråt. Det var riktigt roligt.

Nästa steg var att meditera över naturen. Vi fick själva välja delar av natur att tänka på: blommor, träd, sol, vind och vatten - allt vad vi kunde komma på. Sedan fick vi göra meditationsresor och det är det roligaste av allt. Det gör jag fortfarande så ofta jag kan. Numera behöver jag bara sätta mig i lugn och ro och bestämma mig för att resa, och så reser jag. Den för mig till många olika platser och situationer, alltid lika spännande och lärorika. Men med meditationens hjälp kan man också hjälpa andra. Det gör vi ofta i grupp. Den "breda" kärleken gjorde sakta men säkert sitt intåg i mitt tänkande och i mina känslor, och där har den blivit kvar som en stark del av mitt eteriska jag. Och i denna breda kärlek inryms alltid meditationen, med tacksamhet till allt skapat och dess Skapare.

Så kommer vi då till bönen. Bön går att införliva i meditation, men meditation kan också bestå av bön. Bönens makt är oerhört stark. Den är naturligtvis förknippad med vårt tänkande, men få tänker på att vare sig vi uttalar bönen högt eller viskar den i vårt hjärta skjuter den iväg som en pil direkt till målet. I själva verket är den en slags kombinerad ljus- och ljudenergi, försedd med varierande vibrationskraft. När den når sitt mål aktiveras innehållet på olika sätt eller i olika former. Bönen blir besvarad. Men ibland är inte svaret vad den bedjande önskar sig eller också uppfattas det inte som ett svar. Vad kommer det sig av?

Vi återkommer till människans fria vilja. Viljan inryms i bönen och den har varierande kraft. Du kan inte skjuta ett skott utan att ha en bössa. Viljan är bössan. En kula kan rikoschettera. Det kan din bön även om det ligger fel känsla bakom. Hat, avundsjuka, egoism, snålhet, svartsjuka, profitbegär etc. åstadkommer tillbaka-studsandet. En bön måste avsändas i gott syfte eller som ett behov av hjälp. När bönen blir uppfylld måste man tacka för hjälpen. Gör man inte det utan fortsätter i egots tecken, får man snart liknande problem igen. Allt det där vet mina läsare säkert - men tänker ni någonsin på det?

Mor Märtas bön

I det här sammanhanget vill jag berätta en historia som faktiskt är ett minne från min barndom som Jan.

Gamla mor Märta hade just blivit änka. Så förskräckligt gammal var hon inte, bara sextionio. Men hon var utarbetad och sliten och nu bodde hon ensam i sin lilla röda stuga bland susande björkar och doftande liljekonvaljedungar. Det var försommartid och allt väcktes upp ur senvintersömnen och började knoppas och småle mot solen. Daggen vattnade gräset, som ljusgrönt och yrvaket tittade upp ur myllan och bildade klickar av ögonfröjd. I backen mot älven, där ekarna bildade en lummig pelarsal, sken gulsipporna ikapp med solen. Mor Märta hade varken indraget vatten eller elektricitet. Hon läste sin bibel i fotogenlampans bleka sken. Hon bar ved och vatten ensam nu. När hon gick på det lilla utedasset gapade det ena hålet tomt och svart. Men locket låg mestadels på, och det hände att gumman satt där i sina tankar och klappade det så försynt. Hennes saknad efter gubben Anders var så stor att hon bara önskade att hon snart skulle få dö.

Hennes önskan blev till en bön. Änkepensionen var inte stor på den tiden, men den räckte till mat både åt henne, katten och de andra djuren. Anders hade sett till att vedboden var full, och den snälle grannen Per hjälpte henne att hugga den när reumatismen satte åt hennes ben.

Märta ville bara dö. Hennes son hade farit till Amerika och visst fick hon ett och annat brev därifrån, men de var svåra att läsa. Hon måste be prästen om hjälp. Det gjorde hon inte gärna, för prästen bara pratade om hur bra hon skulle få det på ålderdomshemmet. Men se dit ville hon inte alls, hon ville dö hemma i stugan, som Anders hade gjort. Helst gick hon inte så långt hemifrån, för tänk om Döden kom och hon inte var hemma!

Märta hade långa samtal med Döden. Hon hade hoppats att Anders skulle hälsa på henne, hon var inte rädd för spöken och vålnader. Nog för att hon tyckte sig känna hans närhet ibland, men hon kunde inte se honom. Han kanske väntade med att bli synlig tills han hämtade henne.

Det förstås, hon hade katten och hönsen och grisen och den gamla märren att sörja för, och hon hade en ko som var gammal nu men som gav den raraste mjölk. Det fanns gott om bete på marken som hörde till stugan. Grannen Per, som också var gammal och ensam, hjälpte henne med djuren. Men dottern, som bodde i Skåne och var gift med en bankkamrer, hörde sällan av sig. Hon skämdes väl för sina gamla föräldrar. Hon skrev ibland och klagade över besväret med det gamla torpet som hennes man hade ärvt.

Hur kunde man vara besvärad av ett torp? tänkte mor Märta. Torpet var det käraste hon hade, nu när Anders låg under jord. Det var en bit till kyrkogården, men hon gick dit varje söndag efter predikan. Kyrkkaffet brydde hon sig inte om, byfolket var bara nyfikna på hur hon kunde klara sig utan Anders. De ville göra hennes sorg till en byangelägenhet som skulle sluta på ålderdomshemmet. Men Märta var inte ensam. Gamle Per kom ofta in och fick sig en kopp och så hade hon alla djuren.

Mor Märta bad och bad om att få dö.

”Så fort som möjligt,” sa hon till Vår Herre. ”Då kan Per ta hand om stugan tills barnen kommer och kräver sitt. Jag har skrivit ett testamente. Du förstår, Herre, jag önskar inte jäntan illa, men hon har redan allt. Sonen kan få stugan om han vill ha den. Allt det andra ska Per ha. Jag är alldeles färdig med det häringa livet, förstår du. Jag vill upp till himlen, till min Anders, och det på momangen!"

Hennes bön steg åter och återigen upp till bjälkarna i taket på den gamla stugan. Den steg rätt genom timmer och grästorv, rätt ut i vårkvällens svala skymning. Dimslöjor svepte in ängarna i skön fuktighet och den gamla kon råmade därute i lidret. Hon ville bli mjölkad. Men bönen dansade upp i skyarna som hängde tunga och mörka rätt över trädtopparna och den tog med sig en melodi som av kyrkklockor i fjärran, klart klingande i den tunna luften

Den här gången nådde bönen fram. Den togs upp av en samling glada änglar som förde den vidare mot sitt mål. Men änglarna hade mycket att bestyra under vägen. De skulle dansa på himlaängen och spela luta och strängaspel i himlasalen. De skulle strö ut glada vårtankar på marken där unga par vandrade. De skulle se till att fåglarna flög dit de skulle och att allt gick rätt till när nya djur föddes i skogarna. De flög upp och ner mellan himmel och jord och hela tiden bar de mor Märtas bön på sina vingar. Den hängde ganska slak till slut!

Mor Märta gick ut i lagården och mjölkade sin kossa. Katten fick en slurk och själv kokade hon en panna full med risgrynsgröt. Det var det bästa Anders visste och när hon i alla fall strax skulle lämna jordelivet kunde hon lika gärna äta något gott, så hon kom iväg med rejäl färdkost i magen. Säkert satt Anders nu bland änglarna och åt den vitaste av alla grötar. Tänk om han hade det så bra att han glömt sin gamla käring?

Men döden kom inte. När Per kom in och hälsade på beklagade hon sig för honom. Tänk att hennes bön inte hjälpte! Var hon för gammal för att de skulle bry sig om henne däroppe i himmelens höjder? Men hade Per inte lust att smaka på hennes sista risgrynsgröt?

Per log och klappade henne på kinden och sa att hon var en dum gammal gumma. Inte kan man be om att få dö heller! Vår Herre tar det Han vill ha när *Han* vill, inte när *vi* vill. Hon fick väl tåla sig, och under tiden måste gården skötas. Märta måste ge honom rätt. Med en suck såg hon de rikliga resterna av den fina gröten försvinna i Pers belåtna mun.

Den vackra vårkvällen följdes av vackra försommarkvällar och vackra högsommarkvällar. Det blev skördetid och Per slog gräset på ängen utanför Märtas torp så djuren skulle ha vintermat att mumsa på. Märta kärnade smör och ystade och tvättade linne i älven och njöt av Guds klara sol. Kanske blev hennes bön om att få dö lite svagare så småningom. Per hade en tjur och den hade hälsat på hennes ko och aldrig hade hon trott att kon ännu kunde kalva, men nu väntade hon tillökning i lagården. Kattan hade också varit ute i olovliga ärenden. En dag vimlade det av kattungar i mor Märtas kök.

"Ska jag slå ihjäl dom?" undrade Per lite försiktigt.

"Å nej," svarade gumman. "Får inte jag dö så ska inte dom heller få det nöjet. Här finns plats för en eller två och de andra ger jag bort."

Under tiden hände det något på himlafronten. De små änglarna som bar mor Märtas bön på vingarna, hade ärende upp till Högsta Instans. Där fick de en skrapa för att de hade glömt bort att leverera bönen, men skrapan gavs med ett varmt leende. Det hade inte varit dags för mor Märta och det var inte dags ännu.

Två år hade gått sedan Anders dog. Mor Märtas dödslängtan hade svalnat, kanske för att så många behövde henne. Hon hade händerna fulla hela dagarna, för gamle Per hade huggit sig i benet med yxan i hennes vedbod. Det var tur att han inte dog, hade gumman tänkt och sedan blivit rent förskräckt över sina tankar. Vår Herre sparade Per åt mig, fortsatte hon att tänka, för utan honom vet jag mig ingen råd. Jag har nog inte tid att dö just nu.

Nu bad hon i stället om förlåtelse för att hon blivit lite försenad till träffen med Anders däruppe i de saligas nejder. Hon ville gärna komma dit och hon längtade efter gubben sin, men nu behövdes hon både i sin egen stuga och i Pers. Arbetat hade hon gjort i hela sitt liv, så det gick som en dans att hjälpa den ofärdige grannen. Så bönen svängde om i hennes tankar och blev till en artig förfrågan om hon kanske fick leva lite till för att dra sitt strå till stacken.

Per blev frisk. Då ville han gifta sig med Märta. De skulle bli ett passande par, tyckte han. Gumman blev förskräckt. Det skulle Anders aldrig förlåta henne! Det fick förbli som det var, fastän byfolket skvallrade och prästen kallade dem båda för syndare.

Det dröjde tio år innan Märta dog. Under tiden hade hon händerna fulla med att ordna i båda stugorna och lagårdarna. Om någon nämnde ordet "ålderdomshem" till henne blev hon riktigt otidig. Hon hade nästan glömt dödstankarna och sina enträgna böner. Hon var numera alldeles väldigt glad i livet. Hon hade inte fört över sin kärlek till Per, fast de trivdes så gott samman - men hon hade fört över sin kärlek till livet!

Det var en mulen septemberdag när löven låg rödgyllene på marken utanför stugan. Det hade varit en slitsam dag, i all synnerhet som mor Märta kände sig olustig och hade ont överallt. När Per gått hem till sig med magen full av persiljestuvade abborrar som han hade fiskat, kände hon sig så trött att hon lade sig på sängen innan hon tog itu med disken. Som hon låg där och slöt ögonen fick hon för sig att titta upp - och där stod Anders! Han smålog och sträckte händerna mot henne och det fanns ett märkligt ljus omkring honom.

Jag har glömt att önska mig döden, tänkte hon medan ljuset kring hennes make bleknade och förenade sig med skymningsljuset i stugan.

"Jag är så trött," sa hon högt till Anders, för hon kände honom i sin närhet. "Jag är så trött att jag helst av allt vill dö."

De små änglarna som kretsade omkring henne fick en väldig fart på vingarna. Där var gummans önskan igen och den här gången skulle den bli ordentligt framförd. I en blink var de uppe hos Vår Herre. Nu nickade han belåtet och uppfyllde strax Märtabönen som de bar med sig.

Så kom det sig att mor Märtas bön äntligen gick i uppfyllelse när hon somnade in för gott, den där höstdagen i skymningsljuset. Jag, Jan, kände henne. Hon tillverkade världens godaste ost. Men det var bönen den här historien handlar om. Det är en berättelse om hur en bön kan följa en i många år och man tror att Vår Herre inte har hört den. En dag ber man den ur djupaste hjärtat och då blir den uppfylld om det är rätt tid. Allting sker när det *ska* ske men inte alltid när *vi* vill att det ska ske!

Tankarnas skapande kraft

Vi är våra tankar! När det gäller meditation måste man göra sig fri från tankarna. När det gäller bön måste man hålla reda på tankarna, styra dem, känna att de är rena och starka, ge dem innerlighet och kraft. När jag frågade Zar hur man ska få ordning på sina tankar, svarade han:

"Man måste gå in i tankarnas trädgård. Där ska man lära sig att skilja på positiva och negativa tankar. Det gäller att inte ge kraft åt de dåliga tankarna. Om man fördjupar sig i sina tankar så ger man dem kraft hur de än ser ut. Där har vi det farliga med massmedia. De påverkar tankar som inte ifrågasätter. Många anser att positivt tänkande är en modekliché. Tankar är skapande. Vi är inte medvetna om att vi kan skapa negativa tankeformer som är varaktiga och som sjunker ner i vårt undermedvetna, för att sedan poppa upp som anden i flaskan när vi minst behöver dem. Det kan bli destruktivt.”

”Hur ska man få folk att begripa det?” undrade jag.

”Tyvärr den svåra vägen,” svarade Shala. ”Dåliga erfarenheter som travas ovanpå varandra har en grund. Grunden består av negativa tankar som blivit utlösta i handlingar. Man kan träna upp sitt positiva tänkande. Därmed inte sagt att man ska vara enbart positiv. Förstår du?”

Jag skakade på huvudet. Jag tänkte på den snälla mor Märta och hennes böner. Känner man sig negativ så kan man alltid be om hjälp. Om människor visste hur många änglar som osynliga finns omkring dem, i luften, i rummet, i naturen, så kanske de skulle skämmas och vakta bättre på tankarna. Det går bra att be änglarna om hjälp, det är de till för. De lyssnar alltid och de har till uppgift att föra bönen vidare om det behövs. Är man otålig får man vänta längre på uppfyllelse. Det finns ju något som heter karma också, lagen om orsak och verkan. Det är många trådar som behövs för att få till stånd en bra väv.

”Om du kan be så kan du meditera,” brukar Zar säga. Kan du ingetdera, så fortsätt att bara vara. Till slut kommer kunskapen till dig, om inte förr så blir det den dag du står på tröskeln till det okända.

20. Vem är jag? En existentiell fråga

Vem är jag? Varför är jag jag? Ska jag alltid förbli jag? Vad händer sedan. Dessa frågor har följt mig hela Janne-livet och alla tidigare liv. De har sjungit i luften, de har susat i träden, de har porlat i insjöns vågor. De har legat som en dov viskning i mina öron, alltid och överallt. De har bildat underlag till mina böcker, de har dansat långdans i tankarna hos diktaren Jan.

Ännu är mycket förborgat för min blick, men ändå har så mycket öppnats för mig att jag är omtumlad, stolt och ödmjuk på en gång. Jag kämpar här också, men det är den andlige krigarens kamp och den är helig och kärleksfull - inte ärorik. Än har jag mycket att lära mig och jag njuter av varje ögonblick av kunskap och insikt som jag fortfarande kan vidarebefordra i form av ord. Ord till dem som vill lyssna, ord till dem som undrar. Förr var ord bara ord. Nu är de pärlor som ingår i smycken som jag ger åt dem som vill läsa just mina ord.

Men vem är jag? Det blev min käre vän Kualli som öppnade den första slussen. Vi hade varit ute på ett uppdrag tillsammans och satt i hans trädgård och småpratade. Då slängde jag ut: ”Vem är jag?” - plötsligt och mycket högljutt.

”Det är din fråga men också ditt svar,” sa Kualli allvarligt. ”Har du inte fått svaret ännu så måste du rannsaka ditt inre. Varför har du inte fått svar?”

”Kanske jag är rädd för att få veta vem jag egentligen är,” svarade jag eftertänksamt. ”Det är kanske alla människor rädda för. Men jag har varit här så länge nu och det har hänt så många underbara ting att jag borde veta. Varför känner jag ändå en sådan ovisshet?”

”Vi indianer brukar ställa oss samma fråga ibland,” svarade Kualli. ”Men vårt svar är givet: Vi är Den Store Andens barn. Vi är födda i kärlek och till kärlek ska vi återgå. Vi är fröet som vuxit till en blomma och vi är blomman som ska lämna frö ifrån sig. Vi är kretsgången i naturen och Den Store Andens ögon.”

”Det där låter vackert,” sa jag. ”Men det talar inte om vem jag är. Jag vet mitt ursprung - men sedan? Vem är jag *nu*?

”Fröet fanns i ursprunget,” svarade Kualli tålmodigt. ”Men det utvecklades till vad du är här och nu. Här är alltid nu. Kan du då lista ut vem du är?"

"Jag kretsar mellan Änglarnas och Mästarnas riken och jag är ande. Mitt vara är evigt och evinnerligt. Jag är unik. Hur kan jag vara en unik individ och samtidigt eterisk i kroppen? Jag har upplevt den lilla gnistan som seglade omkring i världsrymden och som sedan skapades till ett fysiskt väsen av Den Store Anden. Blev jag jag då eller senare? Jag frågar igen: Vem *är* jag?

"Du är den du vill vara," svarade Kualli i bestämd ton. "Om du slutar att undra vem du är och i stället accepterar att du *är* just nu, så löser du problemet. Du kan tillföra dig själv otaliga epitet och du kan vara dem alla samtidigt. God, glad, varm, kall, vänlig, klok etc. Du kan vara ett av dem i taget eller alla på en gång. Då är du *du*. Erfarenheterna från alla dina liv bär du som en liten energisäck på ryggen. De har alla bidragit till att fröet har vuxit. De är dina, ingen annans. Du är summan av allt du varit: från gnistan i världsrymden tills nu. Är det så svårt att förstå?"

"Hm," mumlade jag fundersamt. "Kanske du har rätt. Ja, jag tror faktiskt inte att jag kan säga emot dig. Men då kommer vi till nästa stora svåra fråga. Varför är jag *jag*? Varför är jag inte du eller någon annan? Varför har just *jag* haft just *mina* livserfarenheter?"

"Dum fråga," fnyste Kualli. "Varför skulle du vara summan av någon annans erfarenheter? Var och en är sig själv och är i sig själv. Varje själ som Den Store Anden skapat fick sitt mönster från begynnelsen. Vartefter som själarna mångfaldigades var det redan från början så vist ordnat att mönstren inte kopierades utan präglades individuellt. Människor har väldigt olika vibrationer och bildar ett speciellt vibrationsmönster. Detta är en slags subtil och förfinad aura och den är konstant och följer människan från liv till liv. Vi brukar kalla den för "det eteriska urlivsmönstret"."

"Hur ser det ut hos bebisar då?" frågade jag. "De har knappast någon aura, än mindre har de väl ett inpräntat livsmönster?"

"Visst har de det," svarade Kualli leende. "Livsmönstret är inbakat i själen och även om ett spädbarn inte har en färdig aura så finns även den där. Grundfärgerna finns, om också svaga, och även olika anlag. Själen går ner i barnet vid mycket olika tidpunkter. När den gör det präglas också livsmönstret runt omkring auran."

"Skulle det kunna tecknas upp på något sätt?" undrade jag.

"Du menar på samma sätt som t.ex. prästen Edward Warner illustrerade och målade chakran? Hans målningar blev förebilder för de bilder av chakran som finns i dag. Men det är inte så lätt att avbilda livsmönstret. Det vibrerar och utsänder vibrationer. Det är dessutom en del av det Högre Jaget och ingår alltså i en slags skyddad zon. Varför är jag *jag*? undrar du. Därför att du är ensam om ditt eteriska urlivsmönster. Det är ett stammönster som talar om att du är du. Där har du svaret på båda dina frågor."

"Men jag har en till," påpekade jag snabbt. "Ska jag alltid förbli *jag* var jag än hamnar, även om jag kommer till en annan planet?"

"Den frågan hör ihop med de andra, min vän," svarade Kualli. "Urmönstret eller stammönstret är präglat för evigheten. Du kan inte avbryta evigheten. Du kan uppgå i Den Store Oändlige Andens ljus - men inte ens då förlorar du din identitet. Ditt stammönster har nämligen minne. Det kan stängas av - men inte utplånas. Om du bor på en ort och flyttar till en annan är du väl samma person? Du får inte blanda ihop det yttre med det inre. I ditt urmönster finns den livsgnista som en del kallar *monaden*, andra *fröet*. Eftersom den aldrig kan gå förlorad är du *du* för evig tid. Är du nöjd nu?"

"Javars," svarade jag lite tveksamt. "Bättre svar kan jag väl inte få, antar jag. Det är nästan så att jag begriper. Men vad händer sedan?"

Nu gapskrattade Kualli.

"Du är alldeles omöjlig, gosse," frustade han, "alldeles omöjlig! Det finns inget sedan. Det finns bara nu."

"Man vill ju planera," protesterade jag.

"Planeringen sköter Den Store Anden och det Galaktiska Rådet. Det som i hinduisk och buddistisk filosofi kallas för "nirvana" är själens uppgående i Alltet - i Nuet - i Evigheten, parallella uttryck för den slutliga ljusupplevelsen som alla tror är utplånande och total sammansmältning med - ja, med vad?"

"Alltet?" föreslog jag. "Eller kanske Gud?"

"Eller övergående till en parallellvärld," suckade Kualli. "För indianerna finns inte det totala Intet. Vår odödliga själ är verksam i många världar och stannar aldrig i utvecklingen."

"Kan man utvecklas hur långt som helst?" frågade jag.

"Kan gudomlig skapelse förintas genom någon som helst process?" löd motfrågan. "Om nirvana är det slutgiltiga intets vara, faller det logiska axiomet om att det finns en Skapare. För om Den Store Anden finns längst inne i kärnan av vår kosmiska karta, sysslar han väl inte med att förinta själarna. Jan, ingenting är slutgiltigt.

"Sedan" är aktivt skeende på hög nivå. "Sedan" är Kraft, Kärlek, Kunskap - tre K:n som hör samman."

"Tack Kualli, nu begriper jag äntligen!" utropade jag och omfamnade honom. Och mina svåraste frågor blev alltså besvarade.

I dag, som är nu och som inbegriper all tid och ingen tid, arbetar och studerar jag i den eteriska världen. Min själsgrupp är alltid närvarande och vi inhämtar kunskap tillsammans som vi sedan diskuterar och ibland ifrågasätter. Vi har det mycket mycket bra. Men vi oroar oss för vår älskade Moder Jord. Flera av oss är kvar där och arbetar och de sänder oss inga glada nyheter. Vi vill se jorden blomstra och sjuda av liv och glädje.

Jag har dikterat den här boken för den lilla människan som strävar med att värna om jorden - så gott hon kan. Jag vill öppna era ögon för hur det är - eller kan vara - på andra sidan om vad ni kallar för döden. Men jag vill också upplysa er om all den hjälp ni har inom räckhåll i de tider då jorden är i verklig fara. De som styr världen har endast makt och profit i tankarna och tar inte hänsyn till den lilla människan. Hon offras i många sammanhang. Och den lilla människan är rädd. Hon vågar inte störa maktens väktare. Krig, våld och sjukdom breder ut sig över jordens sköna yta. Ingen vågar kväva det onda.

Ni som vill kan nå oss genom bön och meditation. Vi har ingen rätt att gå emot er fria vilja, och så länge ni inte säger ifrån måste vi utgå från att er fria vilja styr världen. Vi tänker inte övertala er att tänka om. Det måste komma från er själva. Vi har talat mycket om tankens kraft i den här boken: hur tanken kan skapa både positivt och negativt. Det är ingen överdrift, inga fria fantasier, detta med tanken. Pröva så får ni se! Men ni måste vara koncentrerade, annars händer det ingenting.

Jag, Jan, har berättat vad som hänt mig ända från begynnelsen, då jag bara var en liten prick av kosmisk energi. Jag begär inte att ni ska tro mig. Kanske någon annan har skrivit om livet på den här sidan på ett sätt som ni tycker bättre om. Ni ska veta att jag berättar med *mina* ord och *min* uppfattningsförmåga. En annan författare kanske berättar något helt annat därför att den ande som inspirerat honom har upplevt andra saker och finner andra ord att beskriva dem med. Kualli nämnde att "min verklighet är inte din", den är *unik* och *individuell*. Jag påpekar då att ni gärna ska lyssna inåt, på er intuition, på den där rösten som varnar och råder i ert inre jag.

Minns att livet inte bara är det ni lever på jorden nu! Livet är i ännu högre grad det ni möter på andra sidan om den Gyllene Porten. Om inte massmedia fanns skulle ni kanske inte tro att det finns länder på jorden med exotiska frukter, hulahuladans och kulturer så olika er egen. Inte förrän ni reste dit skulle ni till er förvåning upptäcka annorlunda levnadssätt och seder än ni känner till. Ni älskar er kropp och vill inte skiljas från den, eller hur? Det är ju bara den vissna, utslitna delen som faller bort när ni dör. Allt det andra finns kvar. Ni får en ny och behagligare kropp, ni har ungdom och spänst och god hälsa, ni kan tänka och känna precis lika bra som förut - nej, bättre! Ni flyger inte omkring på änglavingar och tutar i en trumpet när ni kommer hit. Här arbetar man, men man arbetar med det man tycker är roligt. Dessutom får man både hjälp och uppskattning. Ni behöver inte sakna något, allra minst pengar. Så varför är ni rädda för döden?

Inte en dag sedan jag kom hit har jag saknat natten. Inte ett ögonblick har jag velat tillbaka. Ni kan få den tvivelaktiga glädjen att fara tillbaka till jorden och inkarnera igen - om ni vill. Men ni kan även arbeta med era nära och kära härifrån, förutsatt att ni inte styr dem, inte ingriper i deras egen vilja. Ni har möjligheter till ert förfogande här som ni inte ens kan drömma om!

Ni kallar jorden en skola. Det är en svår och problematisk skola med bra och dåliga klasser. Ibland är eleverna så mångtaliga att det inte finns något klassrum. Då måste de vandra. Då drabbas de av sjukdomar och svält. Det kan tyckas som en orättvis skola, men Den Store Anden är aldrig orättvis. Han är Kärleken. Det glömmer människorna när de lider, men de lider för att lära. De har själva valt att gå ner till jorden och lida. Var och en av er har själva valt sin tid, sin omgivning, sina anlag och sin karma. Ger ni upp måste ni bara göra om det igen. Men lika väl som ni har förmågan att skapa ett eländigt liv kan ni skapa ett bra liv. Det beror på er själva, på era tankar. Så sätt igång nu och styr tankarna rätt: till glädje, kärlek, vänskap, framgång, gemenskap... och mycket mer.

Jag säger inte farväl, jag säger: "På återseende!" och sedan får ni tolka det som ni vill. Jag kanske skriver en ny bok eller också står jag här i porten och vinkar när ni har gått över gränsen. Jag bekymrar mig inte om framtiden, eftersom den inte finns. Framtiden är Kejsarens nya kläder. Nuet är evigt och underbart. Varje sekund är en blomma, en stråle av glädje och hopp. Tänk att varje dag är ett nytt underverk. Se solen även när himlen är grå! Den finns där bakom, lika säkert som att du står där och tittar.

Du står på en jord som strålar av stjärnornas glimmande ljus. Du ser på stjärnor som är återspeglingar av ditt eget inre ljus. Du är Den Store Andens förlängda arm på jorden. Det är du som ska kratta din gång, odla din jord och pyssla om din sjuka mor. Din gåva till jorden är *du själv*. Du är en del av den och därför måste du må bra. Du mår bra när du vill vara glad och lycklig - för det vill du väl? Annars går solen i moln och stjärnorna blir smutsiga av askan från din sorg. Då ska du veta: Jorden tillhör inte människan. Det är människan som tillhör Moder Jord.

Du kära människa, du bär på en stolt och lysande hemlighet! Du härstammar i rätt nedstigande led från Solens och Stjärnornas folk.

Appendix

Den Kosmiska kartan - förklaring och vägledning

Den Kosmiska kartan (se sidan 4) vilar på stjärnhimlen. Där finns planeterna i vår galax utsatta, samt några få stjärnbilder.

Den yttersta ringen på kartan kallas *Universella världar*. Där inryms flera olika riken, men vi har valt att endast nämna två av dem vid namn: *Avgudars riken* och *Mörkrets riken*. De avgudar som funnits sedan urminnes tider och som tillbetts av människor under många namn har sina egna världar. Det betyder att de fortfarande existerar i sin egen omgivning, utan påverkan av människor. Vi vet inte så mycket om dem mer än att deras namn finns i historieböckerna. Där står det dock inte att dessa avgudar inte var människohjärnors påfund, utan att de verkligen existerade och uppträdde som krafter eller energier i människornas värld genom tiderna. En del av gudarna skapades av människornas tankar. Dessa gudar finns kvar i Avgudars riken som skuggor i evigheten. De andra, de starka, de kända, de som än i dag har sina tillbedjare, lever och verkar fortfarande.

Mörkrets riken vill vi helst inte uppehålla oss vid. Vi har tillräckligt av deras krafter på jorden. Det är de riken som Lucifer skapade i sin första vrede mot Den Store Anden - något som han sedan bittert ångrat. De växte honom över huvudet och fick ett omfång som han inte kunde hantera. Men de finns där ännu och deras riken måste angivas.

Nästa cirkel inrymmer *Ingenmansvärlden*. Det är själarnas övergångsrike, dit alla kommer efter övergången, vare sig de direkt passerar vidare eller stannar kvar där en tid. Som synes går tunnlar från jorden direkt in i Ingenmansvärlden. Där vandrar själarna omkring tills de finner sitt mål. De är aldrig ensamma. De har hjälp av miljoner änglar. Om de vill gå vidare förs de omedelbart vidare. De som är förvirrade och vägrar tro att de är döda stannar där tills de av egen vilja önskar fortsätta.

Vad som i Bibeln kallas skärseld och helvete inryms inom Ingenmansvärldens gigantiska område. Dessa tillstånd förekommer i olika former som alla går ut på att själarna får vistas i den omgivning de själva skapar omkring sig, tills de vaknar inför möjligheten till en vidare utveckling. De själar som t.ex. på jorden var infiltrerade i penningtransaktioner får fortsätta i all oändlighet med sådana, tills de en dag upptäcker tomheten och meningslösheten i sina förehavanden. Brottslingar får fortsätta med sina brott på ett ensidigt sätt tills de tröttnar och vill ändra på sin situation. Mördare får uppleva mörkret tills de vrålar av längtan efter ljus. Men stick i stäv med Bibelns hotfulla profetior får dessa mörkrets tjänare ständigt återkommande konfrontationer med ljusets änglar. Vi respekterar verkligen de änglar som påtagit sig den svåra uppgiften att försöka förändra dessa människors krampaktiga fasthållande vid sitt gamla usla jag. De får alla denna ljusa chans. Ingen är för dålig för att inte förtjäna hjälp och positiva förändringar.

Medelsvensson-människor, dvs. de som varken tror eller tvivlar och som under livstiden sällan ger sig tid att tänka över Livets hemlighet - ja vad händer med dem? Det varierar efter deras unika jag och voluminösa egon. Men de utsätts vanligen för situationer som gör att de reagerar och börjar fundera. Strax finns hjälpande änglar till hands. Och förlåtelsen finns alltid närmare än ni tror!

Så kommer vi till *Astralvärlden*. Det har redan berättats så mycket om den i boken att närmare förklaringar säkert inte behövs. Här finns sjukvård, skolor, vetenskap och forskning, barn och djur, drömmar, konst och musik - samt *Akashakrönikan*, som berättar om varje människas personliga utveckling under alla hennes liv. Sjukhusen tar hand om personer som inte förstår att de blev befriade från sin sjukdom när de dog. De kan inte acceptera detta. En del själar behöver mental hjälp.

Näst intill Astralvärlden ligger *Naturvärlden*. Den bebos av alla slags naturväsen och den vakar över naturen på jorden. Bland naturens väsen ingår vad man kallar för "sagoväsen", som levat högst fysiskt och påtagligt för tusentals år sedan, och som fortfarande finns kvar i sagor och berättelser i de flesta gamla kulturer. Där finner vi t.ex. tomtar, älvor, jättar, troll, "di små under jola", Näcken, skogsfrun, sjöjungfrur och annat skrymt och knytt. Den som i nuvarande tid sett tomten tvivlar inte på att sagan har en verklighetsbakgrund. Det finns även trovärdiga personer som har sett både älvor, jättar och troll i de nordiska skogarna. Författaren har träffat flera.

Parallellvärldar och *Inkarnationsvärldar* finns ytterligare ett steg in mot mitten. Det går inte att gå in på dem eftersom de är ofattbart talrika och alltför invecklade för att kunna förklaras på ett enkelt sätt. De ligger parallellt med varandra samtidigt som de har många dimensioner. De binds samman med varandra i ett mönster som inte går att se med mänskliga ögon.

Den eteriska världen som sedan följer är ingående beskriven i boken. Den är endast uppdelad i två riken. *Änglarnas rike* och *Mästarnas rike* är gigantiska konklaver i det enorma musikverk som Den Store Anden skapat. Det är skönhetens, kärlekens och visdomens högsäten, och den människa är lycklig som från sin övergång direkt kan starta resan dit.

Elohims värld går också över vår fattningsförmåga. Vi vet bara att Elohim arbetar över hela vår galax och att de är engagerade i det Galaktiska Rådet.

Serafims värld ligger närmast Den Store Anden. Serafim är en slags änglavariant. Seraferna är musikens mästare. Deras underbara tonsvall inramar Den Högsta Gudomen i vår galax. Seraferna rör sig rytmiskt i en kosmisk dans som inte liknar vad vi förknippar med ordet "dans". De sjunger, men det gör änglarna också. Sång och musik är vardagsmat i de högre sfärerna.

Det ljus som utgår från Den Innersta Gudomen, *Den Store Anden*, är ett kärleksljus och i det finns också Tonen, den ursprungliga tonklangen, den som skapade åt Skaparen. Den innersta kärnan behöver inte förklaras, *den är*.

Den Kosmiska kartan gör inte anspråk på att vara den enda sanna - tvärtom. Varje kosmisk uppfattning har sin egen verklighet och varje människa tar till sig det hon själv känner är riktigt. Den Kosmiska kartan vill bara skapa en enklare bild än den som de "gamla" böckerna uppvisar. Kartan är den uppställning som jag - Jan - har fått lära mig i Änglaskolan och som jag är angelägen om att föra vidare till fysisk nivå. Människan har sin fria vilja och har därför rätt att inhämta kunskaper som tilltalar henne utan att indoktrineras av något som hon tycker känns fel.

Färgernas grundbetydelse

Det finns sju grundfärger som motsvarar regnbågens kulörer. Vitt kan användas inom alla områden eftersom alla färger härleder sig ur den vita.

• *Rött:* stimulerar blodcirkulationen och ökar kroppstemperaturen; hjälper vid trötthet, köldrysningar, blodbrist och förkylningar. Rött är uppiggande och därför en lämplig färg vid depressioner.

• *Orange:* hjälper matsmältningen och är lämplig för att

stimulera distribuerande och cirkulerande processer i kroppen. Bra vid störningar i mjälten. Används vid njursjukdomar men hjälper även vid bronkit och andra bröstsjukdomar. Orange ger fysisk energi och mental stimulans och används vid hämningar och förträngningar.

• *Gult:* underlättar matsmältningsprocessen och har en utsöndrande verkan på lever och tarmar samt rensar hela systemet. Psykiskt sett är gult lika stimulerande som solsken. Den gula färgen hjälper vid nerslitna nerver (stress), hudproblem, förstoppning och leverproblem. Det är fördelaktigt att omge sig med gult när man har diabetes.

• *Grönt:* har en uppbyggande verkan. Sjuka celler kan neutraliseras och byggas upp igen med grönt. Grönt är bra för att normalisera blodtrycket och hjälper hjärtat att arbeta rätt, liksom mot huvudvärk och snuva.

• *Blått:* bromsar infektionssjukdomar och har antiseptisk verkan. Psykologiskt ger färgen den ro och lugnar nerverna. Blått hjälper vid strupproblem och kan användas vid alla barnsjukdomar. Bra även vid inflammationer, spasmer, insektsbett, klåda, huvudvärk, sömnlöshet och menstruationssmärtor.

• *Indigo:* (en kombination av djupblått och en aning rött) kontrollerar tallkottkörteln och rensar blodet. Används vid alla ögonsjukdomar, öron- och näsbesvär. Bra mot lungsjukdomar och astma. Indigo är ett utmärkt komplement till de andra färgerna.

• *Violett:* är avslappnande och lugnande för nerverna. Hjälper vid mentala besvär, reumatism, tremor (darrningar) och blåssjukdomar.

Man bör även tänka på att färgen på den mat man äter har betydelse för hälsan och kan påverka sjukdomar. Vid t.ex. nervositet kan man använda ett gult klädesplagg och äta mat eller frukt som är gul.